Rainer Deglmann-Schwarz, geboren 1941, aufgewachsen an den Berg- und Skihängen von Berchtesgaden. Jura-Studium an der Universität München. Seit 1970 Journalist. In seinen Reportagen spezialisiert auf Weltreisen mit und ohne Ski. Er schreibt für große Tageszeitungen in der Schweiz und Deutschland und ist außerdem als Regisseur und Autor für das Bayerische Fernsehen tätig, Reisen mit TV-Teams zu Dreharbeiten in die USA, nach Alaska, Hawaii, Japan, Kanada, zu den Seychellen, in die Schweiz. 1975 Aufnahme in den Explorers Club, New York. Lebt in Berchtesgaden, macht am liebsten Ferien in den Rocky Mountains beim Skilaufen und in Newport Beach, Kalifornien.

Vierter Tag. In den Morgenstunden schlüpfen wir durch die Meerenge von „Hell's Gate" – fürwahr ein Höllentor mit dem unheimlich-düsteren Glanz seiner Felsen – hinein in die Norwegian-Bay. Wir waren bereits gewarnt: Packeis, so weit das Auge reicht.

Stunde um Stunde attackiert die *Radisson* das Eis. Schollen krachen gegen den Rumpf, schieben sich vor dem Bug übereinander. Es sieht aus, als sei die Welt hier noch nicht ganz fertig geworden.

Dann geschieht etwas Unerwartetes: Das Eis beginnt auf einmal zu rumoren und zu arbeiten. Gläserne Schichten überlagern sich, bilden bizarre Wälle und Wände, Schründe mit eisblauen Schatten öffnen sich. Alles kommt in Fluß, gerät in Bewegung, ein weißes Inferno wird geboren. Gegen den – durch Meeresströmungen und starke Winde erzeugten – Druck der Eismassen steht selbst die *Radisson* mit ihren 13 600 PS auf verlorenem Posten. Nichts geht mehr. Das Schiff bewegt sich keinen Zentimeter. Das Eis hält uns umklammert.

RAINER DEGLMANN-SCHWARZ

Zwischen Monsun und Mitternachtssonne
Neun Traum-Trips für Globetrotter

 **ABENTEUER-REPORT**

CIP-Kurztitelaufnahme der Deutschen Bibliothek

Deglmann-Schwarz, Rainer:
Zwischen Monsun und Mitternachtssonne: 9 Traum-Trips für Globetrotter / Rainer Deglmann-Schwarz. – Neuaufl. – München: F. Schneider, 1987.
 (Abenteuer-Report)
 ISBN 3-505-09529-X

 ABENTEUER-REPORT

Herausgegeben von Susanne Härtel
© 1985, 1987 by Franz Schneider Verlag GmbH
8000 München 46 · Frankfurter Ring 150
Alle Rechte vorbehalten
Umschlagfoto: Hong Kong Tourist Association, Frankfurt (Junk)
Fotos: Rainer Deglmann-Schwarz; Uli Seer (5)
Karten: Gert Köhler
Lektorat: Thomas de Lates
Herstellung: Josef Loher
Satz und Druck: Augsburger Druck- und Verlagshaus GmbH, Augsburg
ISBN: 3 505 09529-X
Bestell-Nr.: 9529

Dieses Buch ist erstmals 1985 unter dem Titel
200 000 Kilometer Abenteuer in der Reihe ABENTEUER HEUTE
im Franz Schneider Verlag erschienen

Inhalt

USA – Ski Wild-West	7
Alaska – Mit dem Floß ans Ende der Welt	27
Kanada – Eisbären und Motorschlitten	45
Arktis – Position 80° Nord	69
Oman – Beduinen zwischen Öl und Wüste	95
Sri Lanka – Spritztour vor Korallenriffen	117
Hongkong – Schwarzer Grenzverkehr zum roten Nachbarn	131
China – Kung-Fu und Coca-Cola	147
Darjeeling – Teatime am Fuß des Himalaja	169
Reisetips	181

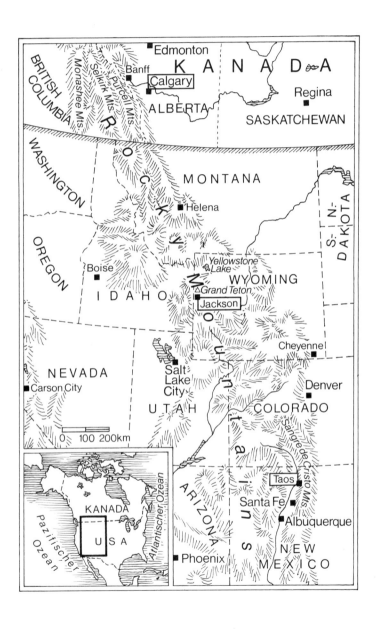

USA – Ski Wild-West

Flughafen Albuquerque: Die Boeing 727 kurvt schaukelnd in die Parkposition vor dem Ankunftsgebäude. Beim Verlassen des vollklimatisierten Jets schlägt mir die Hitze von Neumexiko entgegen – eine Begrüßung, die eher an Wilden Westen denken läßt als an mein Reiseziel Taos, das berühmte Wintersportparadies in den Sangre-de-Christo-Bergen im Norden dieses US-Staats.

Zunächst setzen wir uns auf die Fährte der Pueblo-Indianer, ganz zeitgemäß auf vier Rädern. Die Straße nach Norden führt durch eine ockerfarbene Landschaft, durchsetzt mit Kakteenfeldern – von Schnee weit und breit keine Spur. Nur die mit Ski und Schlitten bepackten Straßenkreuzer lassen vermuten, daß es hier irgendwo Pisten und Abfahrten geben muß. Santa Fe ist eine Überraschung: kein Smog, keine Rush-hour, keine Häuserschluchten, eine völlig unamerikanische Stadt. Mittelpunkt ist, seit den Tagen der Gründung im Jahr 1610 durch die Spanier, die Plaza mit dem Palast der Gouverneure. Dieser Palast ist wie die meisten Bauwerke von Santa Fe im Adobe-Stil errichtet, das heißt aus Steinen, getrockneten Lehmziegeln und Pinienstützbalken. Leuchtend heben sich die hellbraunen Häuser von dem tiefblau gespannten Himmel ab.

Unter dem Palastportal hocken Indianer, in bunte Umhänge gehüllt, und bieten ihre Ware an, die sie auf dem Steinboden vor sich ausgebreitet haben: teils mit Türkis verzierter Silberschmuck, Töpferarbeiten, Körbe, Stickereien, eine Volkskunst mit eigenwilligen Formen und Ornamenten. Bei Regen und Hitze harren sie aus, etwas scheu, aber nicht verlegen beim Feilschen um die Preise.

Die Plaza war Schauplatz turbulenter Szenen. Als die Indianer 1680 die Spanier aus Santa Fe und Neumexiko vertrieben, wurde sie Mittelpunkt des Santa-Fe-Pueblos. 1692 eroberten die Konquistadoren Santa Fe zurück, die Indianer kapitulierten vor dem Palast auf der Plaza. Eine Tafel erinnert hier auch daran, daß die Plaza der Endpunkt des berühmten Santa-Fe-Trails war, einer Handelsroute, die seit Beginn des 19. Jahrhunderts die Hauptstadt Neumexikos mit dem 1800 Kilometer weiter nördlich gelegenen Independence in Missouri verband. Im August 1846 proklamierte US-General Kearney auf dem Stadtplatz dann die Zugehörigkeit des Landes zu den Vereinigten Staaten, und damit war die Rolle Neumexikos als Missionskolonie Spaniens beendet.

Die nächste Station auf meinem Weg ins neumexikanische Skiparadies ist Taos-Pueblo. Diese 800 Jahre alte Indianersiedlung im Taos-Tal, nur wenige Autominuten vom Skiort entfernt, zählt zu den interessantesten der 18 Pueblos, die in der Umgebung von Santa Fe noch existieren, und ist am besten erhalten. In den uralten Adobe-Wohnblöcken, die bis zu fünf Stockwerke hoch sind, leben 1400 Indianer. Als Ski-Reisender fühle ich mich hier etwas fehl am Platz, obwohl die Indianer

Taos-Pueblo, eine 800 Jahre alte Indianersiedlung; die Häuser sind bis zu vier Stockwerken hoch

Teile des Pueblos für Touristen zugänglich gemacht haben. Aber die Einheimischen sind doch eher reserviert, huschen durch die Gassen und verschwinden in ihren Behausungen, ohne mit den Fremden ein Wort zu wechseln. Nur eine Indianerlady, die offenbar schon einmal bessere Tage gesehen hat, folgt mir auf Schritt und Tritt, um einen mit Türkisen verzierten Silberreif an den Mann zu bringen. Ihr letztes Angebot: 250 Dollar, aber ich bleibe hart. Auf dem Weg zur Skistation nehme ich einen Anhalter mit – er ist Indianer und arbeitet in Taos als Pistenpfleger. Ein guter Job, meint er, und überhaupt, der Ernie Blake, ja, der kümmere sich um seine Leute.

„Wer ist Ernie Blake?"

„Der Boss", meint der Indianer kurz und bündig.

Taos ist in jeder Hinsicht ein ungewöhnlicher Skiort. Wo sonst noch könnte man schließlich auf der geographischen Breite von Mykonos 2500 Meter oberhalb der Wüste im dicksten Pulverschnee wedeln? Die Pisten sind anscheinend auf das Temperament der neumexikanischen Skifahrer zugeschnitten, und für den harmlosen Neuankömmling ist der erste Eindruck fast entmutigend: Unmittelbar vor mir tut sich eine senkrechte, weiße Wand auf, mit roten, grünen, gelben Punkten besetzt. Sind das Skiläufer? Oder handelt es sich um Figuren aus „Star Wars", aus dem „Krieg der Sterne"? Ein Blick durch das Fernglas überzeugt mich schließlich, daß es leibhaftige Skimenschen sind, die dort mit ihren Brettern herumturnen. Dieser Kurs mit dem Namen „Al's Run" ist, wie ich später erfahre, weit über die Grenzen Neumexikos berühmt und berüchtigt. Hätte ich geahnt, daß mir in den nächsten Tagen das zweifelhafte Vergnügen bevorstand, mit „Al's Run" nähere Bekanntschaft zu machen – ich wäre sicher nach Hawaii oder in die Karibik geflogen, um meine Skibegeisterung unter Palmen auszukurieren.

Im Jahr 1541 betrat der spanische Offizier de Alvarado als erster Europäer Taos-Pueblo, 1598 folgten die Missionare, 1805 die Yankees, und 1954 erschien – Ernie Blake. Jener Ernie Blake, der in den Rocky Mountains, wie ich später feststellte, bereits zu einer Legende geworden war. Blake, ein gebürtiger Frankfurter, der seine Jugend in der Schweiz verbrachte, ist Gründer, Präsident und Direktor der Skischule von Taos. In

Taos führt er Regie wie ein General, dirigiert über Sprechfunk Skilehrer, Ski-Patrol, Lift- und Streckenpersonal. Ohne Blake fällt in Taos keine Schneeflocke vom Himmel. Täglich ist er auf der Piste und in der Skischule im Einsatz; seine siebzig Jahre sieht man ihm nicht an. Im Büro, das einem Befehlsstand über dem Pistenschlachtfeld gleicht, erzählt mir der dynamische, um Worte nie verlegene Ernie, wie er mit einem Indianerskilehrer vom Flugzeug aus im Jahre 1954 die unberührten, zum Skilauf wie geschaffenen Hänge entdeckte, wie sie im folgenden Jahr die ersten Pisten trassierten, einen Miniskilift aus München aufstellten und diesen ein Jahr später durch eine größere Anlage ersetzten. Die Liftteile wurden von Pueblo-Indianern getragen, weil der Traktor an dem zu steilen Hang streikte. Ernie Blake: „Großartig an Taos ist allein schon die Höhe des Skigebiets, das zwischen 2700 und 3600 Metern liegt. Damit verfügen wir über eines der höchstgelegenen Skiareale Nordamerikas. Und dies ausgerechnet in Neumexiko, wo man doch eher an süffigen Tequila als an Pulverschnee denkt."

Dann wird es ernst für mich. Ernie Blake begleitet mich auf Skiern durch sein Pistenrevier. Wir gleiten, schwingen und schweben über herrliche Skibahnen von den Ausmaßen amerikanischer Highways. Durch ausgeklügelte Planung gelang es Blake, das Gelände seines Skibergs mit 62 Abfahrten maximal auszunutzen. Etwa die Hälfte des Skiterrains ist dem Könner vorbehalten. Schon die Namen der Pisten wie „High Noon", „Bonanza", „El Funko", „Inferno", „Blitz" und „Schlangentanz" deuten an, was mich hier erwartet: Ski-Wild-West nach Maß. „Okay", ruft Ernie. „Wie wär's mit ‚Al's Run'?"

Jetzt geht's um die Sportlerehre, sage ich mir und mache gute Miene zum bösen Spiel. Also auf zu „Al's Run", einer der schwierigsten Abfahrten von Nordamerika! Blake kippt als erster in die buckelgespickte Abfahrt, bombensicher zischt er hinunter, als wollte er seinem Gast aus den Alpen beweisen, daß im Wilden Westen nicht nur Rothäute und Pferdediebe ihr Handwerk verstehen. Nun gibt es kein Zurück mehr. Als nächster bin ich an der Reihe. Ein Blick in die Tiefe . . ., ruhig durchatmen . . ., Start ins Abenteuer! Die ersten Schwünge, und es scheint, als tauchte ich in den Abgrund einer schneegefüllten Nordwand. Jetzt hätte ich doch gerne den lieben Gott als Kopiloten oder wenigstens einen Fallschirm dabei, so steil zischen wir in die Tiefe. Ein Kurs, der wie ein Donnerkeil geradewegs entlang der Lifttrasse nach unten sackt: Höhenunterschied 600 Meter, Neigungswinkel 45 Grad – jeder Meter vorwärts einen Meter abwärts. Die Piste ist nach einem Arzt aus Santa Fe benannt, der drei Herzanfälle erlitten hatte und diesen Kurs dennoch meisterte – nur mit einem Sauerstoffgerät als zusätzlicher Hilfe. Wenn die Ski-Girls aus Los Angeles und Detroit beim Anblick jener Superabfahrten nicht sofort wieder ihre Koffer packen, so ist dies wohl allein der Überredungskunst von Ernie Blake zu verdanken. Um solche Kurzschlußreaktionen zu vermeiden, stellte Blake inzwischen im Tal am Liftzugang eine Tafel mit dem Hinweis auf: „DON'T PANIC! You are looking at only 1/30 of our slopes, we have PLENTY of easy runs too!" – „Nur keine Panik! Was Sie hier vor sich sehen, ist nur ein Dreißigstel unserer Hänge – wir haben auch jede Menge einfacher Abfahrten für Sie!" Es gibt

Steamboat-Billy-Kid; im Cowboy-Look auf die Piste

also auch Hänge, die man gemütlich hinunterschwingen kann, wie die zehn Kilometer lange „Rübezahl"-Piste.

Hallo, da ist er ja wieder, unser Freund, der Pueblo-Indianer; elegant zieht er seine Bahnen durch die weißen Jagdgründe, so als stünde er schon seit Jahren auf Skiern. Im nächsten Winter, meint er später bei einem Glas Bier im *St. Bernard,* wolle er die Skilehrerprüfung ablegen, um anschließend einen Ski-Trip nach Europa zu machen. Apropos Skilehrer: In Taos geben neben Amerikanern die Bayern und Franzosen den Ton an. Der Killinger Max ist seit zwanzig Jahren in der Skischule beschäftigt, und die Elisabeth aus München brachte es in Taos von der Skilehrerin bis zur Besitzerin eines noblen Hotels.

Ernie Blake, dem kürzlich aufgrund seiner Verdienste um die Deutsche Sommerakademie in Taos das Bundesverdienstkreuz verliehen wurde, macht keine halben Sachen. Ihm geht es darum, daß der Skifahrer auf seine Kosten kommt – was sich laut folgender Radio-Durchsage, die Blake vor ein paar Jahren einfiel, auch ohne Schnee arrangieren läßt: „Die Schneeverhältnisse, verehrte Hörer, sind miserabel, wir fahren hier auf einem Untergrund von Baumstämmen und den Knochen der Besucher vom letzten Jahr. Aber wir haben Sonne, Girls, Tacos und Tequila." Am nächsten Tag, wie er mir erzählt, war Taos ausgebucht.

Bye, bye, Taos – hello, Jackson! Als nächste Station meiner Ski-Reise durch die Rocky Mountains winkt Jackson Hole in Wyoming. In dem Städtchen Jackson, 75 Kilometer südlich des Yellowstone-Nationalparks, hat sich seit den Tagen von Doc Holliday und seinen Kumpanen nur wenig geändert, und deshalb wäre ich wohl kaum überrascht, wenn der Mann, der soeben in die Bar stürmt, plötzlich seinen Colt zöge. Zugegeben, die Chance, plötzlich eine Kugel zwischen die Rippen gejagt zu kriegen, ist nicht sehr groß, aber im Sheriff-Office und in den Läden und Kneipen kommt es einem immer noch so vor, als müßte es nach Pulverdampf riechen. Die Cowboys hier sehen verdammt nach High Noon aus, Clint Eastwood und Genossen zum Verwechseln ähnlich. Das Radio im Laden nebenan plärrt den Song vom „Orange Blossom Special", Johnny Cash in seinen besten Tagen. Ich frage mich, was für eine Figur diese Typen in Cowboystiefeln und Lederkluft wohl auf der Piste machen würden.

Die ersten Trapper wagten sich 1807 in das Tal von Jackson Hole, um mit den Indianern Pelzgeschäfte abzuschließen. Während der Blütezeit des Pelzhandels benützten sechs Trading Companies (Handelsgesellschaften) dieses Tal als Stützpunkt. Crow- und Schwarzfußindianer jagten nach Büffel und Rotwild, mit Einbruch des Herbstes folgten sie dann den Tieren hinaus auf die Great Plains, die Prärie, wo sie ihr Winterlager aufschlugen. Goldsucher tauchten auf, fanden nichts und verschwanden wieder. Gangster versteckten sich im Tal, wie zum Beispiel Teton-Jackson und die Whitney-Brüder, hier immer noch bekannte Namen. Aber die meisten waren kleine, gewöhnliche Pferdediebe. Die einen brachten sich gegenseitig um, die anderen wurden von den Indianern in die Ewigkeit befördert, und der Rest landete im Gefängnis. Als aus Jackson dann eine Siedlung wurde und die erste Kirche und der erste Saloon die Pforten öffneten, erklärte man in Washington das Gebiet nördlich von Jackson zum Yellowstone-Nationalpark, und Jahre später richtete man auf dem Land um Jackson, das Rockefeller aufgekauft hatte, den Grand-Teton-Nationalpark ein. Die Einheimischen wünschten damals die Regierung mitsamt Teton-Park zum Teufel – sie tun es auch heute noch.

Das Tal von Jackson ist so weitläufig, die Berge stehen so beherrschend im Raum, daß mir Teton Village, die Skistation von Jackson Hole, auf den ersten Blick gar nicht ins Auge fällt. Um einen hölzernen Kirchturm gruppieren sich ein paar Hotels, Ferienhäuser und Läden: Teton Village, ein Skidorf ohne große Fassade. Nicht, daß hier besonders fromme Leute lebten – der Kirchturm ziert lediglich die Talstation für die Seilbahn, die mich auf den 3145 Meter hohen Rendezvous-Mountain hinaufbefördert. Man hatte mich bereits vorgewarnt. Rendezvous-Mountain sei wie der Kachina-Park in Taos ein Super-Skiberg, dem man sich mit größtem Respekt nähern sollte.

„Diese Pisten", sagte mir ein Oldtimer in der Cowboy-Bar, „sind die Schläger der Rocky Mountains in einem Tennismatch, bei dem der Skifahrer den Ball darstellt."

Schon die Auffahrt mit der Seilbahn ist ungewöhnlich, denn die Gondel hält an der letzten Stütze, um, wie ein amerikanischer Begleiter erklärt, ängstlichen Gemütern den Gipfelhang zu ersparen. Skilauf am Rendezvous-Mountain, das bedeutet Start auf 3145 Metern, dann eine Senkrechte. Der nächste Halt, falls Ski und Knochen willig sind, ist die Talstation 1300 Meter tiefer. Mitten in der schönsten Schußfahrt verstellt mir ein baumlanger Kerl den Weg. Seine Beine dokumentieren ein halbes Leben im Pferdesattel. Wir kommen ins Gespräch, und er stellt sich vor: Larry Mahan, professioneller Rodeo-Cowboy aus Steamboat in Colorado. „Yes, Sir", meint er, „auf mein Pferd ist jederzeit Verlaß, aber mit meinen Skiern ist das so eine Sache, die gehen meist ihre eigenen Wege." Trotzdem, fährt er

*Die Kabinenseilbahn auf den Rendezvous-Mountain,
mit 3145 Metern der höchste erschlossene Skiberg der USA*

fort, sei er jedes Jahr bei dem Cowboy-Abfahrtslauf in Steamboat mit von der Partie, und seine besten Plazierungen hole er sich, wenn es darum ginge, auf Skiern mit dem Lasso eine Lady einzufangen, „Mann, da ist was los!"

Mit seiner Übung auf diesen Pisten am Rendezvous-Mountain hat mein Begleiter alle Trümpfe in der Hand. Doch immer wieder murmelt er etwas von einem „Couloir" oder „Couloir Run" vor sich hin, bis er auf mein Nachhaken endlich damit herausrückt. „Das Corbett's Couloir", sagt er, „ist unser bestes Stück, ain't no better place around" – „was Besseres gibt's nicht!" Wie sich herausstellt, ist „Corbett's Couloir" eine felsbegrenzte Steilrinne, in deren Trichter man nach dem Start im freien Fall hineinschwebt. Ein Himmelfahrtskommando, das mit einer saftigen Bruchlandung enden kann.

Immerhin sollen die Mitglieder der „Hot Dog Air Force" von Jackson Hole hier im letzten Jahr ein paar Dutzend erfolgreiche „Testflüge" absolviert haben. Leider müssen wir das Unternehmen wegen Lawinengefahr abblasen, aber die „Hoback"-Hänge sorgen für Entschädigung. Wir ziehen unsere Bögen in dem knietiefen Schnee, eigentlich nichts Besonderes. Worauf wir aber nicht gefaßt sind – einer der Männer von der Ski-Patrol, der Bergwacht, ist mit Langlaufski im Tiefschnee unterwegs! Mit perfekter Skiführung kurvt er die Steiletagen der Hobacks hinunter, flink, wie eine Gemse im Fels. Daß der gute alte Telemark auf Amerikas Pisten derzeit Triumphe feiert, wußte ich bereits, aber mit Langlaufski im Tiefschnee, das hat es bisher noch nicht gegeben.

Später schwinge ich mich mit unserem Pisten-Cowboy auf

einen Pferdesattel, nicht etwa zum Galopp im Pulverschnee, sondern in der *Cowboy-Bar* in Jackson, wo man statt Barhocker kurzerhand Pferdesättel installierte. Der Barmann läßt nach gutem Brauch die Bierdosen gekonnt über die endlose Theke schlittern, und ich würde mich kaum wundern, wenn einer der Gäste gleich einen Sack voll Nuggets herauszöge, um damit die Rechnung zu begleichen. Des öfteren fliegen die Fäuste, einer der Kontrahenten kracht dabei meist filmgerecht durchs Fenster, und in der *Stage-Coach Bar* soll es sogar vorkommen, daß Motorschlitten über die Tanzpiste kurven, wenn die Jungs besonders gut drauf sind. Après-Ski à la Wyoming. Im Opera-House, dem Kino, einen Pistolenschuß um die Ecke, ist inzwischen der letzte Platz gefüllt. Cat Ballou, der Held des Stückes, reitet und schießt wie in besten Zeiten. „Yippee, Cat", tönt's aus dem Publikum, „give 'em hell!"

Mit einem original Stetson im Gepäck verlasse ich Jackson Hole und fliege nach Calgary in der kanadischen Provinz Alberta. Calgary ist alles andere als eine Skistadt, vielmehr machte sich Calgary durch den Handel mit Vieh und Öl einen Namen. Aber es gibt noch einen anderen Grund, nach Calgary zu fliegen: Helicopter-Skiing. Von Dezember bis Mai wartet jeden Samstagmorgen vor dem *Calgary Hotel* ein Autobus auf Skigäste aus Montreal, Toronto, New York, Dallas, Zürich, Paris, München oder Frankfurt. Nach eineinhalbstündiger Fahrt erreicht der Bus das Städtchen Banff und durchquert anschließend den Nationalpark von Banff. Dann großer Umsteigebahnhof in der Wildnis von Spillimachen: Ein Hubschrauber übernimmt die Passagiere und befördert sie in die

Lodge von „Canadian Mountain Holidays". Das ist eine Organisation von Berg- und Skiführern, deren Tiefschneeprogramm für den Skifahrer ebenso brandheiß ist wie etwa für den jahrelang darauf trainierenden Astronauten ein erster Weltraumflug. Das rund 1700 Meter hoch gelegene, nur auf dem Luftweg erreichbare Haus ist Stützpunkt für das Skiunternehmen per Helikopter und dient den Gruppen von jeweils 40 Personen für eine Woche als Unterkunft. Von hier pendelt die Maschine vom frühen Morgen bis in den Spätnachmittag zwischen den Zwei- und Dreitausendern, deren Abfahrten bis zu 10 Kilometer lang sind.

Landeanflug. Wir schweben über einem Felsvorsprung von der Größe einer Tischtennisplatte, zwei rote Fähnchen dienen als Orientierungshilfe. Schnee wirbelt auf, das Motorengeräusch verstärkt sich, die Maschine vibriert, noch ein Meter, ein halber Meter – Bodenkontakt. Der Pilot hat sein Fluggerät exakt an den Markierungspunkten abgesetzt. Sitzgurte klicken, wir springen aus der Maschine, kauern uns in den Schnee, der ins Gesicht peitscht. Ausladen der Skier durch den Bergführer, Startzeichen an den Piloten – der Helikopter röhrt ab in die Tiefe. Totenstille. Zwölf Menschen lösen sich allmählich aus ihrer Erstarrung, werfen einen prüfenden Blick ins Tal, hasten zu ihren Skiern. Der Führer gibt letzte Anweisungen, prüft mit dem Stock die Schneedecke und stößt sich ab. Mit der Präzision eines Uhrwerks zieht er die Schwünge in den Hang. Das vermittelt Selbstvertrauen und Zuversicht. Der nächste macht sich bereit.

Wir zischen von Steilhang zu Steilhang, tauchen von Graten

Heli-Skiing; der Hubschrauber ist immer startbereit

und Zacken in die Schneerinnen. An den Rhythmus der Schwünge haben wir uns schon gewöhnt, im Augenblick zählt nur das Gefühl der vollkommenen Harmonie von Körper, Luft und Schnee. Skilauf in einer Traumkulisse, ohne Liftschlangen, ohne Grenzen. Nach ein paar Minuten ist der Traum zu Ende, unser Ziel erreicht; der Pilot wartet bereits mit seiner Maschine, um die Skifahrer ins nächste Abenteuer zu entführen.

Diese Piloten sind zum Großteil Amerikaner, viele mit Vietnam-Flugerfahrung. Sie sind Meister ihres Faches, fliegen auch bei Witterungsbedingungen, die in den Alpen einen Start zumindest in Frage stellen würden. Aber bei 5000 bis 7000 Mark Reisekosten erwartet die Kundschaft entsprechende Leistungen. Eine Anstecknadel für gefahrene Höhenmeter, die am letzten Tag der Skiwoche präsentiert wird, sorgt für zusätzlichen Eifer.

Allzu kühne Eskapaden sind freilich nicht angebracht. Die Führer, die jede Gruppe begleiten, bestehen wegen Gletscherspalten und Lawinengefahr auf disziplinierter Fahrweise. Außerdem erhält jeder Sportsfreund einen kleinen, ständig Signale ausstrahlenden Sender mit eingebautem Empfänger, den man immer mit sich führt. Bei der Probe für den Ernstfall orten wir das im Schnee vergrabene Gerät innerhalb von Minuten.

Trotz dieser Vorsichtsmaßnahmen bleibt Helicopter-Skiing ein riskantes Vergnügen. Lawinen forderten ihre Opfer, und vor ein paar Jahren kamen durch einen Hubschrauberunfall ebenfalls mehrere Menschen ums Leben. Aber nicht zuletzt ist es wohl die Konfrontation mit dem Risiko, weshalb sich im Lauf der Jahre ein geradezu fanatisches Stammpublikum hier eingefunden hat.

Mittagspause. Wir haben fünf Abfahrten hinter uns, die Prozedur ist längst zur Routine geworden: Rein in die Maschine, rauf zum Gipfel, raus und runter ins Tal, und das den ganzen Tag. Jetzt sind wir dankbar für die Rast. Das Essen wird mit dem Hubschrauber eingeflogen. Dreißig Minuten

Verschnaufpause. Mein Zimmergenosse aus Seattle nutzt die Zeit für einen Mittagsschlaf.

Canadian Mountain Holidays garantiert dem Skiläufer innerhalb von sieben Tagen die runde Summe von 100 000 „vertical feet", das sind 30 000 Höhenmeter. Aber auch 60 000 Höhenmeter und mehr sind in einer Woche zu schaffen.

Wir huschen durch den Wald. Das Tiefschneefahren zwischen dicht stehenden Bäumen, „Tree-Skiing" genannt, ist fester Bestandteil fast jeder Abfahrt. Blitzschnelle Reaktion, ausgefeilte Technik sind für Tree-Skiing entscheidend. Ich denke an den Ratschlag eines Amerikaners: „Don't ski the

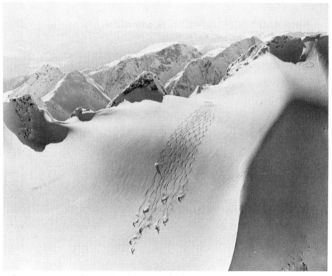

Abenteuer im kanadischen Tiefschnee

trees, ski the spaces between them!" – „Nicht auf die Bäume zufahren, sondern auf die Zwischenräume!" Dieses Kurven im Unterholz, das Hindurchschlängeln zwischen Stämmen und Sträuchern, vermittelt zum Berg ein neues Verhältnis.

In Kanada hat sich Heli-Skiing während der letzten Jahre zum Schlager der Saison entwickelt. Vor 15 Jahren war es eine Gesellschaft, die in den Bugaboo-Bergen Heli-Skiing betrieben hat; heute teilen sich schon vier Unternehmen das Geschäft mit Ski und Schnee. Der Umsatz von „Canadian Mountain Holidays" beträgt bei 120 Beschäftigten über 5 Millionen Dollar jährlich. Die „Ski-Flieger" kommen fast zu zwei Dritteln aus Amerika, der Rest verteilt sich auf Kanada und die Alpenländer.

Letzte Abfahrt. Am Ende des ersten Tages rutscht unsere Crew mehr auf Knien als auf Skiern in die Lodge zurück. Der „Home Run", die letzte Abfahrt, wird zum „Showdown". Todmüde und schweißgebadet kippen wir zum „five-o'clock tea" in die Sessel, und es stört niemand, daß ab 22 Uhr strikte Bettruhe herrscht. Die meisten Tiefschneespezialisten stecken um diese Zeit längst unter der Decke. „Man darf Heli-Skiing nicht von der bequemen Seite sehen", meint Hans Gmoser, der Gründer und Chef von Canadian Mountain Holidays. „Die meisten unserer Gäste machen sich Wochen, ja Monate vor ihrer Tiefschneereise für die sieben Tage hier fit; das ununterbrochene Auf und Ab erfordert doch eine gute Portion Kraft und Ausdauer."

Kraft und Ausdauer, das hat offensichtlich auch mein Zimmergenosse George Lorant, ein Mann um die Siebzig. Wie ein

Colorado; von der Scheune zum nächsten Skilift sind es nur ein paar Pferdelängen

Phantom huscht er die Steilhänge hinunter, Spitzenreiter in der Gruppe, stets als erster am Ziel, am wartenden Helikopter. Ende Fünfzig zog er sich aus dem Berufsleben als Chemiker zurück, mit anderen Worten: seit über 10 Jahren kurvt er zwischen November und März tagaus, tagein im Pulverschnee. Dreimal war er unter Lawinen verschüttet, dreimal hatte er Glück. Pisten kommen für ihn nicht in Frage. Im Jahr 1977 tauchte er erstmals in den Bugaboos auf. Er hatte eine Woche gebucht, verlängerte aber nach dem ersten Tag spontan um weitere drei Wochen. Seine Garderobe bestand im wesentlichen aus einem Skidreß und einem Trainingsanzug. Diesmal hat er vorsorglich für 5 Wochen gebucht, dafür 6000 Dollar bezahlt und zwei Skianzüge eingepackt. Nach wie vor absolviert er zwischen sechs und sieben Uhr morgens seine täglichen Konditionsrunden um die Lodge. Ein Walkman mit Beethoven und Vivaldi dient ihm dabei als Schrittmacher. In Snowbird, einer amerikanischen Skistation, besitzt George ein Appartement, hat einen lebenslangen Skipaß und hält den Rekord von rund 5 Millionen gefahrenen Skihöhenmetern. Abseits der Piste, versteht sich.

Alaska – Mit dem Floß ans Ende der Welt

Die Tragflächenspitze hebt sich glitzernd über den Horizont. Eine sanfte Linkskurve, die beiden Kolbenmotoren der alten DC-3 brummen rund, satt und für jetverwöhnte Ohren zunächst ziemlich laut. Vor zwei Stunden sind wir in Fairbanks, der zweitgrößten Stadt von Alaska, gestartet: drei Amerikaner, zwei Belgier und der Reporter aus Deutschland. Jetzt befinden wir uns im Anflug auf Kaktovik. Unter uns leuchtet das Packeis, knapp vor unserem ersten Etappenziel: Kaktovik. Wer ist jemals schon in Kaktovik gewesen?

Kaktovik ist eine Eskimosiedlung auf Barter Island, einer Insel im Arktischen Ozean (Beaufort Sea), zwei, drei Meilen von der Küste Alaskas entfernt – ein Flecken am Ende des nordamerikanischen Kontinents, Position 70 Grad nördlicher Breite. Im Norden breitet sich das Polareis aus, im Süden die Tundra, dazwischen liegt Kaktovik mit seinen 160 Eskimos und sieben Weißen.

Für den Tourismus in Alaska spielt Kaktovik keine Rolle. Aber für unser Ziel, das National Wildlife Refuge, ist es ein günstiger, besser gesagt, der einzig mögliche Ausgangspunkt. Das National Wildlife Refuge ist ein Reservat, von dem die angesehene Zeitschrift „National Geographic" behauptet, es

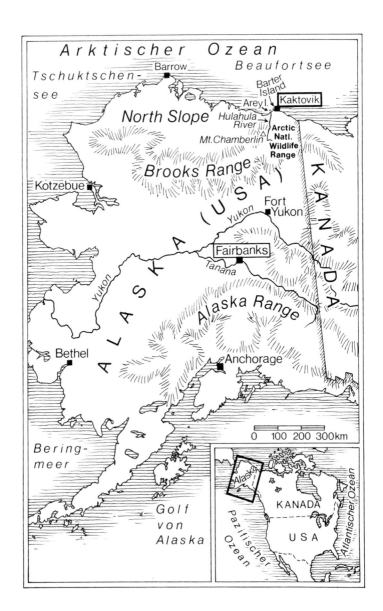

sei Amerikas wildeste Wildnis – ein paar Jäger, Fischer und Bergsteiger sind dort unterwegs. Man kann die Zahl der Besucher an den Fingern einer Hand abzählen.

Zunächst aber Kaktovik. Zwei, drei Dutzend Holzhäuser, etwas klapprig und windschief, ungeschützt in der Gegend verstreut, kein Garten, kein Strauch. Verrostete Motorschlitten stehen herum; Plastiksäcke, Konservendosen, Matratzen und Bretter türmen sich vor den Fenstern. Wenn der Schnee schmilzt und das Eis aufbricht, so heißt es in Kaktovik, kommt die Müllabfuhr. Es gibt keine Kneipe und keinen Laden, aber ein Schulhaus, das 16 Millionen Dollar gekostet hat. Das Geld kommt teils vom Staat, teils von Ölgesellschaften, die hundert Kilometer westlich von Kaktovik ihre Bohrtürme auf Eskimoland setzten.

Die Eskimos sind ein Volk, das zwischen gestern und heute seinen Platz sucht. Motorboot und Schneemobil ersetzten Hundeschlitten und Kajak, aber Jagd und Fischfang gehören für die Einwohner von Kaktovik noch immer zum Lebensstil. Im März und April ist es Zeit für die Karibujagd, im September rüstet man für den Walfang, Oktober und November sind für die Dall-Schafe reserviert. Der Wal, einst Lebensgrundlage der Eskimos, ist rationiert: drei Exemplare werden den Leuten (und Eisbären) von Kaktovik jährlich zugestanden.

Eine schwer durchschaubare Welt. „I like it up here", meint John Brower, der Eskimobursche, der uns beim Gang durch die Dorfstraße begleitet, „it is a good place" – „ein guter Platz." John ist Anstreicher, verdient 25 Dollar pro Stunde und fliegt regelmäßig am Wochenende nach Fairbanks, „to get drunk" –

„um sich zu betrinken", wie er sagt. Im vergangenen Monat kostete ihn der Spaß 1500 Dollar. Dann zieht er eine Flasche aus der Tasche und genehmigt sich einen Schluck. „Wenn ich zu Hause in Kaktovik bleibe, ja, dann fahre ich in meiner Freizeit mit dem Motorrad oder dem Schneemobil durch das Dorf, und manchmal hole ich mir einen Seehund aus dem Eis. „That's what I like to do" – „das macht mir Spaß."

Seine Schwester, so erzählt John, ist auf Hawaii verheiratet, sein Bruder verbringt viele Wochen als Jäger im Busch. „Der hat besseres Eskimoblut in den Adern als ich. Mann, mein Mädchen würde mich zum Teufel jagen, wenn ich ständig da draußen unterwegs wäre!"

Die Fassade von Kaktovik prägen zwei 80 Meter hohe Radarschirme, die in den fünfziger Jahren als Glied in der Kette des amerikanisch-kanadischen Frühwarnsystems (DEW-Line) hier aufgestellt wurden und die Kaktovik ins 20. Jahrhundert katapultierten. Die Eskimos krochen damals aus ihren Erdbunkern und rieben sich verdutzt die Augen.

„Über kurz oder lang werden die Techniker der Station wohl wieder abziehen", meint Walt Audi. „Die Anlage ist veraltet, daher ungeeignet, um Interkontinentalraketen zu erfassen."

Audi ist vor zwanzig Jahren, als die Station in Betrieb genommen wurde, in Kaktovik hängengeblieben. Die Eskimos haben ihn akzeptiert; im Gegensatz zu anderen Siedlungen in Alaska ist in Kaktovik das Verhältnis zwischen Eskimos und Weißen verhältnismäßig spannungsfrei. Angehörige der Radarstation sind mit Mädchen aus der Gegend verheiratet, und wie zu hören ist, machen sie meist eine gute Partie.

Al Brookman, eine Pioniergestalt aus dem hohen Norden

Walt Audi ist Buschpilot in der Arktis. Der Buschpilot gehört zu Alaska wie der Trambahnfahrer zu München. Ohne ihn stünde der Reisende in diesem riesigen Land auf verlorenem Posten. Audi ist ein bedächtiger, zuverlässiger Typ. An Bord seines Flugzeuges fühlt man sich wohl. Mit einer 6sitzigen Cessna 185 transportiert uns Audi von Kaktovik ins Wildlife Refuge zum Quellgebiet des Hulahula-River, von dort wollen wir mit zwei Gummiflößen in zehn bis zwölf Tagen den Arktischen Ozean erreichen. Nach 45 Minuten Flug über Meer, Tundra und Berge zieht Audi die einmotorige Maschine tiefer. Ich schnalle unwillkürlich den Sitzgurt fester – es ist keine Spur von einer Landepiste zu sehen, nur Geröll, Steine, Sand.

Wird das gutgehen?

Augenblicke später rumpelt der Hochdecker über das Geröllfeld. „No problem", murmelt Audi, parkt die Maschine unmittelbar am Flußufer und stellt den Motor ab. Für den Transport von Crew und Ausrüstung sind noch zwei weitere Flüge erforderlich. Erst gegen acht Uhr abends – die Sonne steht noch am Horizont – sind wir komplett: vier Zelte, ein Camp in der Arktis.

Keine Straßen, kein Weg, kein Pfad, nicht einmal eine Hütte oder ein Unterstand: das National Wildlife Refuge gehört zu den entlegensten Gebieten in Alaska. Die Ruhe, ja Stille, ist fast bestürzend. Nur einmal der Schrei eines Tieres in der Ferne... Das Reservat wurde 1960 vom Innenministerium zum Schutz der arktischen und subarktischen Pflanzen- und Tierwelt eingerichtet. Es ist die Heimat von Eisbären und Grizzlys, Wölfen und Füchsen. Dall-Schafe, Karibus, Moschusochsen und Elche suchen in der spärlichen Vegetation ihre Nahrung. 140 Vogel- und 16 Fischarten haben hier ihren Lebensraum. In dem 34 000 Quadratkilometer umfassenden Gebiet sind Jagd und Fischfang nur teilweise erlaubt, das Refuge gehört zu den größten Wildschutzgebieten der USA.

Berge und Tundra bestimmen das Landschaftsbild. Von unserem Camp ersteigen wir einen der kahlen Gipfel, noch unbenannt und unvermessen, einer unter Hunderten von Gipfeln in der Brooks-Range, eines Bergzuges, der das nördliche Alaska auf 110 Kilometer in Ost-West-Richtung durchzieht. Weiße Punkte bewegen sich im Fels. Es sind Dall-Schafe; ihre Anmut und Kunstfertigkeit beim Klettern ist nur mit dem

Geschick von Gemsen vergleichbar. Nicht weit von uns verschwindet ein Blaufuchs mit durchdringendem Heulen blitzartig in seinem Bau. Sein buschiger Pelz ist ein ausgezeichneter Schutz gegen die arktische Kälte. Zu unserer Bergausrüstung zählt auch ein hier eher ungewöhnliches Requisit: ein Gewehr – als Vorsichtsmaßnahme gegen Grizzlybären, denen man in Alaska überall unverhofft begegnen kann.

Die umliegenden Berge sind in glasiges Licht getaucht, ein weiches Relief in graubraunen Farbtönen. Die Stimmung drückt durch die Brechung des Lichts fast etwas aufs Gemüt. Von unserem Gipfel haben wir einen weiten Blick auf das früher von Gletschern bedeckte Tal und auf den Fluß, der uns in den nächsten Tagen zum Eismeer tragen soll.

Ein neuer Tag in der Arktis. Wir machen uns startbereit. Unsere Ausrüstung samt Zelten und Küche verschwindet in wasserdichten Gummibeuteln, die auf den Flößen festgezurrt werden – eine langwierige Prozedur, die uns Tag für Tag bevorstehen sollte. Die Gummiflöße: jeweils drei Meter lang, eineinhalb Meter breit; an den Seitenwülsten sind Ruder angebracht; unsinkbar. Wenigstens laut Versicherung von Mark und Dana, unseren Führern und Steuerleuten. Von wegen Führer: keiner von beiden hat je zuvor dieses Gebiet betreten. Beide bringen zwar große Alaskaerfahrung mit, aber das Refuge ist für sie ebenfalls Neuland. Wir sind völlig auf uns gestellt, auf unser Kartenmaterial und nicht zuletzt auf unser Glück angewiesen. Eine Frage bewegt uns besonders: Ist der Hulahula bis zu seiner Mündung eisfrei, werden wir den Ozean erreichen?

Unser Floß: 3 m lang, 150 cm breit und unsinkbar

„Ready, let's go!" Mark macht sich als erster auf die Reise, wir folgen, stoßen ab und vertrauen unser Schicksal den Fluten an. Wir schaukeln den Fluß hinunter. Das Tal ist wolkenverhangen, und der Wind läßt uns frösteln. Es ist Mitte Juni, aber der Sommer ist seit Wochen überfällig. Unsere Gedanken eilen voraus – was würden die nächsten Tage bringen? Schnee? Eis? Stromschnellen? Eine Fahrt ins Ungewisse. Wir sind die ersten, die mit dem Floß auf dem Hulahula fahren, das hatte jedenfalls Walt Audi zum Abschied ganz beiläufig bemerkt. Wir treiben auf den Fluten und lassen den Fluß seine Arbeit tun.

Diese Nacht verbringen wir auf einer Sandbank zwischen Fluß und Bergen. Es ist ziemlich kühl, und jeder kuschelt sich möglichst tief in den Schlafsack. Kurz vor Mitternacht tasten Sonnenstrahlen über unser Lager, und auch über den Horizont zieht langsam ein verhaltenes Licht. Die mitternächtliche Helle macht einem erst recht klar, daß dies hier der hohe Norden von Alaska ist, die Arktis. Es ist nicht heimlich und nicht unheimlich, aber fremd. Vielleicht tappt jetzt irgendwo ein Bär in der Nähe durch die Tundra – hoffentlich nicht in unsrer Nähe.

Der nächste Tag weckt uns mit einem strahlenden Morgen, und wir schöpfen neuen Mut. Die Sonne zaubert des öfteren einen Hauch von Sommer hervor. Wir fühlen uns wohl in der Wärme, obwohl wir nach einigen Stunden in eine höchst erstaunliche Zone geraten: Spiegelglattes, ebenes Eis (Aufeis) bedeckt kilometerweit den Fluß, der sich eine Rinne gerissen

Flußeis (Aufeis) bedeckt den Hulahula

hat, in der wir, begrenzt von zwei bis drei Meter hohen Eiswänden, unseren Kurs verfolgen. Es scheint, als glitten wir durch den türkisfarbenen Eiskanal einer Bobbahn; Schründe gähnen uns entgegen, Eiswände brechen mit Donnerschlägen in die gurgelnde Strömung und schieben unser Floß vor sich her. Nach drei, vier Stunden ist dieser Spuk beendet. Wir sind froh, einen Weg durch das Eis gefunden zu haben – und schon ist es passiert: Marie-Jane kippt vom Floß in die Fluten! Gekreische, Schreie! Dana macht sich schon bereit, in den Fluß zu springen. Da gelingt es Mark, Marie-Jane am Ärmel zu packen und an Bord zu ziehen. Sie klappert vor Kälte, aber der

Wir treiben dem Eismeer entgegen

Whiskyvorrat von Jules aus Antwerpen entspricht arktischen Verhältnissen und stellt sie wieder auf die Beine.

Doch scheint es, als wolle uns der Fluß dennoch einen Denkzettel verpassen; einige Minuten später laufen wir auf Felsbrocken im Flußbett auf. Mir bleibt nichts übrig, als mit meinen hüfthohen Gummistiefeln in den Fluß zu steigen. Ich ziehe und zerre an dem Floß – die Strömung droht mich hinwegzuspülen, ein Hexenkessel um die Nußschale! Nachdem ich schon fast alle Hoffnung aufgegeben habe, taucht endlich ein Platz auf, der für unser Camp geeignet ist. Todmüde gehen wir an Land. Immerhin haben wir zwanzig Kilometer zurückgelegt, ein beachtliches Tagespensum angesichts der widrigen Verhältnisse.

Unser Zeltplatz liegt an einem Bach, der mit den Schmelzwassern des Tugak-Gletschers bis zum Rand gefüllt ist. Moose und sehr feine, weiße Karibuflechten begrenzen das Ufer, ein grünes, samtweiches Polster. Ich habe nur noch einen Wunsch: ab ins Zelt und die Decke über die Ohren ziehen.

Am nächsten Tag während eines Berggangs kommt es zu einer Begegnung, auf die wir seit langem gewartet und gehofft haben, vor der wir uns jedoch auch etwas fürchteten: Grizzlys! Wir werfen uns zu Boden, suchen Deckung. Gebannt blicken wir auf die kräftigen Tiere, deren Größe uns sehr beeindruckt. Was werden sie tun? Ein prüfender Blick, dann ziehen sie sich in den Busch zurück. Erleichtert gehen wir weiter den Berg hinauf. Der Alaska-Grizzly ist zwar sehr scheu, doch sollte man ihm nicht zu nahe kommen. Aufgerichtet kann er bis zu drei Meter groß werden, und er bringt es auf ein Gewicht von

Nach 10 kalten Stunden auf dem Fluß: Rast in der Brooks-Range

600 bis 700 Kilo, das sogar um 60 bis 100 Kilo höher sein kann, falls der Sommer besonders reich an Beute war.

Von unserem Camp sind wir auf eine Paßhöhe gestiegen.

Von hier aus sehen wir die schnee- und eisbedeckte Ostflanke des Mount Chamberlain. Die Gestalt des Gipfels erinnert mich ans Matterhorn. Mit 2749 Metern ist er die zweithöchste Erhebung in der Brooks-Range. Über den Paß zieht äsend eine Gruppe von Dall-Schafen, die Böcke mit anmutig geschwungenen Hörnern. Noch haben sie uns nicht bemerkt, sie kommen geradewegs auf uns zu. Regungslos stehen wir den Tieren gegenüber – buchstäblich in letzter Sekunde gibt der Leitbock das Zeichen zur Flucht.

In diesem abgeschlossenen, entlegenen Gebiet kann man die Natur noch in ihrer ganzen Ursprünglichkeit erleben. Wir sind allein in der Wildnis, aber die Einsamkeit ist uns durchaus recht – ähnlich vielleicht wie Robert Marshall, einem Forstbeamten

Jenseits des Polarkreises in den Brooks-Bergen

aus New York. Er durchstreifte in den dreißiger Jahren als erster Weißer diesen Teil der Brooks-Range; sein Buch „Alaska Wilderness" wurde zum Bestseller.

Nach dem Berggang geht die Fahrt auf dem Hulahula weiter. Starker Gegenwind kommt auf, wir kämpfen um jeden Meter, Dana legt sich in die Riemen, als ginge es um olympisches Gold. Er ist ein bärenstarker, kauziger Bursche, eine Pioniergestalt, wie einem Alaska-Roman entsprungen. Vor ein paar Jahren, erzählt er uns, habe er von einem Tag auf den anderen seine Sachen in Wyoming gepackt, sich auf den Sattel geschwungen, um nach Alaska zu radeln, als ob das die selbstverständlichste Sache der Welt sei. „Well", meint er und schmunzelt in seinen prächtigen Vollbart, „es war einfach soweit – ich mußte in den Norden."

Das Tal verengt sich, die Tundra ist zurückgewichen, steil ragen die Felswände beiderseits des Flusses empor. Die Suche nach einem geeigneten Lagerplatz kostet Stunden. Erschöpft gehen wir schließlich hinter einem Felsvorsprung an Land. „Easy sailing tomorrow" – „eine leichte Segelpartie wird das morgen", ist das letzte, was wir von Dana an diesem Abend zu hören bekommen, bevor er sich in die Tiefen seines Schlafsacks zurückzieht.

Zehn Stunden später, als wir aus dem Zelt schauen – ein unerwarteter Anblick: Schnee! Eine weiße Schicht bedeckt das Tal, die Zelte und die Boote. Von wegen „easy sailing" – an eine Weiterfahrt ist nicht zu denken! Es ist der 19. Juni, zwei Tage vor der Sommersonnenwende, und die Flocken wirbeln uns eisig um die Nase. Frierend stehen wir vor den Zelten, und jeder denkt: Wie wird es weitergehen? Eigentlich ist unsere Lage nicht außergewöhnlich. Im nördlichen Alaska muß man auf diese Wetterstürze gefaßt sein. Trotzdem, wir fühlen uns nicht ganz wohl in unserer Haut; es könnte ja tagelang weiterschneien. Aber Wind und Wetter sind uns gnädig; im Lauf des Tages legt sich der Schneesturm. Nach vierundzwanzig Stunden Zwangspause kommen wir auf dem Fluß wieder in Fahrt.

Und was für eine Fahrt! Der Fluß hat an Kraft gewonnen. In der reißenden Strömung prallt unser Floß von Fels zu Fels, kreiselt durch Stromschnellen, um im nächsten Augenblick irgendwo hängenzubleiben.

„Zum Teufel mit dem Hulahula", knurrt Dana und springt in das Wasser, um das Floß wieder flottzumachen. Von allen Seiten schwappt es herein. Wassergüsse von oben, von unten, von links und rechts. Schöne Spazierfahrt! Erbarmungslos schüttelt und rüttelt uns der Hulahula durch die Landschaft. „Fasten your seatbelts" – „bitte Sicherheitsgurte anschnallen", hieße es im Flugverkehr bei solchen Turbulenzen. Pudelnaß und knieweich kriechen wir an diesem Abend in unsere Zelte. An den nächsten Tag wage ich erst gar nicht zu denken.

Aber dann kommt alles ganz anders. Allmählich verlieren die Fluten ihre Wildheit. Die Berge treten zurück, das Floß nimmt Kurs auf die North-Slope, jene riesige, unmerklich leicht geneigte Ebene, die von den Ausläufern der Brooks-Range bis zum Eismeer reicht. Erst jetzt sind wir in der eigentlichen Arktis. Erste menschliche Spuren werden sichtbar. Wir passieren ein verlassenes Jagdcamp der Eskimos. Auch hier eine groteske Ansammlung von Ölfässern, Coladosen, Comicstrips, Plastikbechern, Gummistiefeln. Schlittschuhe und Motorschlitten vervollständigen das Stilleben.

Die North-Slope ist das Land der Tundra und der Karibus. Wir gehen über einen mit Gräsern, Moosen, Flechten und Buschwerk dicht bewachsenen Pflanzenteppich, blühende Polarweiden, Hahnenfuß und stengelloses Leimkraut zu unseren Füßen. Die Tundrapflanzen schmiegen sich eng an den Boden. Einige Zentimeter unterhalb der Erdoberfläche stößt man auf ständig gefrorene Erde (Permafrost), die das Wasser am Ablaufen hindert.

Wir entdecken eine ausgeblichene Karibuschaufel – Teil des Geweihs dieser elchähnlichen Tiere –, aber Tiere selbst sind nicht zu sehen. Um diese Jahreszeit, meinte Bob Bartels vom Büro für Fish and Game vor einer Woche in Kaktovik, müßte die 120 000 Köpfe zählende Herde längst vom kanadischen Yukon-Territorium nach Alaska übergewechselt sein, um die Weidegründe hier an der North-Slope aufzusuchen. „Es handelt sich um die letzte große Karibu-Herde von Alaska, alles andere wurde von den Eskimos abgeknallt." Aber wir erblicken nur ein einziges Tier, das wohl den Anschluß verloren hat.

Nach zweitägiger Fahrt durch die Tundra erreichen wir die Küste. Am Horizont leuchtet die Polareismauer. Wir sind knapp vor dem Ziel; Arey Island ist unsere letzte Station.

Eine winzige Insel im Eismeer, dies ist der mit Walt Audi vereinbarte Treffpunkt. Denn nur hier kann er mit seiner Cessna 185 landen – im aufgeweichten Tundraboden würde das Fahrwerk zu sehr einsinken. Aber der letzte Abend verläuft nicht so, wie wir es uns vorgestellt hatten. Nebel und leichter Schneefall erschweren die Orientierung; ohne genaue Positionsbestimmung treiben wir zwischen den Eisschollen im Meer. Nur in der Ferne taucht ab und zu die Küste auf. Von Arey Island keine Spur. Vielleicht sind wir schon zu weit auf das Meer hinausgedriftet – dann könnte unsere Situation gefährlich werden! Andererseits dürften wir der Karte nach nicht mehr als ein paar Meilen von der Küste entfernt sein ... Was tun?

Nach langer Irrfahrt brechen wir die Suche am Spätnachmittag ab. Mark meint, es sei das beste, die Flöße zur nächsten Insel zu manövrieren und dort ein Camp aufzuschlagen. „Don't worry, tomorrow we'll find the place" – „Morgen

Mittagspause bei Minustemperaturen

finden wir unsere Insel, kein Grund zur Aufregung." Wo nimmt der nur den Optimismus her, frage ich mich.

Es wird acht Uhr, neun Uhr, bis wir festen Boden unter den Füßen haben. Aber was für ein Platz! Sturmböen fegen über das winzige Eiland, und bitterkalt ist es. Nur mit Mühe gelingt es, die Zelte aufzubauen. Zum Glück haben wir noch einen kleinen Vorrat an Brennholz im Floß, aber bis das nasse Holz endlich brennt, vergeht eine halbe Ewigkeit. Der nächste Morgen sieht uns bei der Arbeit im Packeis. Abwechselnd ziehen und rudern wir die Flöße durch eisfreie Passagen. Ich bin der einzige in der Gruppe mit „hip boots", mit hüfthohen Gummistiefeln. In seichterem Gewässer, wo Rudern zwecklos ist, befinde ich mich daher im Dauereinsatz. So ein Floß mit zwei Personen und Ausrüstung zu bewegen geht an die Kraftreserven. Nicht immer gelingt es, einen Weg zu finden; Eis oder Sandbänke zwingen wiederholt zur Umkehr. Laut Karte halten wir uns nach Osten. Meer, Eis, Wolkengebirge – ich richte mich auf einen langen Tag ein.

„We made it!" ruft da plötzlich einer im anderen Floß.

Ich fahre hoch. Wie war das?

Tatsächlich, im Packeis versteckt, taucht ein schmaler, kilometerlanger Landstreifen auf: Arey Island. Wir können unser Glück kaum fassen, es ist geschafft!

Kurz darauf hören wir ein Flugzeug – Walt Audi hat Wort gehalten.

Kanada – Eisbären und Motorschlitten

Sektkorken knallen und fliegen in hohem Bogen über Bord, von arktischen Dominikanermöwen im Sturzflug als vermeintlicher Leckerbissen verfolgt. Aus niedrig hängenden Wolkenfetzen blinzelt die Sonne und streift die sanfte Dünung. Das Meer hier am 66. Breitengrad ist dunkelgrün, und ich denke daran, daß zwischen uns und 1700 m Wassertiefe nur einige Zentimeter Schwedenstahl vibrieren, fortbewegt von 12 000 PS, deren zuverlässiges Brummen mir jetzt nach knapp einer Woche Fahrt kaum noch auffällt.

Zusammen mit 90 Passagieren der *Lindblad Explorer* feiere ich die Überquerung des Polarkreises, den wir hier in der Davis Strait zwischen Grönland und Kanada hinter uns lassen. Der erste Offizier hebt sein Glas. „Ein Hoch auf die Engländer Bylot und Baffin! Auf der Suche nach der Nordwestpassage sind diese Gentlemen bereits im Jahre 1616 hier vorbeigesegelt." Wir prosten einander zu, und ich folge Kapitän Nilsson auf die Kommandobrücke.

Vor 6 Tagen hatten wir uns in der isländischen Hauptstadt Reykjavik auf der „Explorer" eingeschifft, anschließend die Südspitze Grönlands umfahren und Kurs auf die arktischen Regionen genommen. Nur mit Spezialschiffen wie der *Explo-*

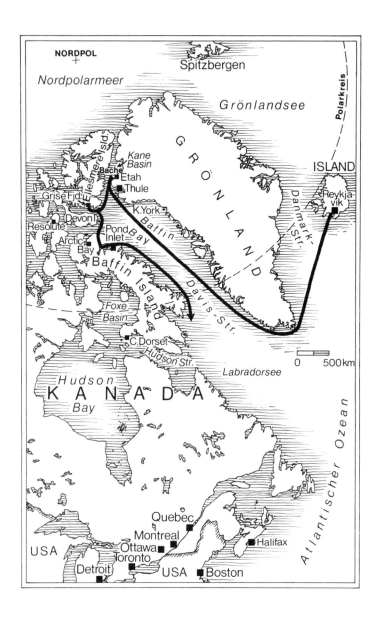

rer kann man zwischen Juli und September in diese Gewässer vordringen – der Bug ist verstärkt und ermöglicht Fahrten durchs Eismeer bis in den hohen Norden. Eine Reise ins Ungewisse. Selbst Kapitän Nilsson, ein alter Hase in den Polargebieten, konnte wegen der schwierigen Eisverhältnisse nur den ungefähren Verlauf unserer Route skizzieren. Dennoch ist das Schiff mit Passagieren aus acht Nationen ausgebucht. Dreißig Stunden später: Baffin Bay. Ich blicke nach steuerbord. Über den fernen Felsmassen formt sich die faszinierende Bekrönung des Inlandeises von Grönland. Am Rand von Meer, Eis und Fels liegt Thule. Das alte, sagenumwobene Königreich Thule, von dem schon die griechischen Schriftsteller des Altertums berichtet haben. Bilder und Gedanken aus einer anderen Welt, aus einer anderen Zeit ziehen an mir vorüber.

Der Lautsprecher des Bordfunkgeräts reißt mich aus diesem Traum: „Alpha, Charlie cleared for two zero two!" Die Stimme von Thule im Äther. Ein amerikanischer Militärflugplatz holt Thule in die Gegenwart. Aber nördlich dieses Stützpunktes führen die letzten 750 reinrassigen Polareskimos ein Leben für sich, durch die grönländische Verwaltung von der Außenwelt sorgsam abgeschirmt. Thule entschwindet hinter uns in der Ferne, am Rand des Packeises dringt die *Explorer* weiter nach Norden vor. Eisbergflotten driften vorbei wie göttergleiche Milchglaspaläste, unter Wasser in allen Nuancen von Dunkelblau bis Türkis schimmernd, um sich dann in ein blendendes Weiß zu steigern – Türme, Zacken, gesägte Grate, glitzernde Wände, hinter denen die Schneekönigin residiert. Zweimal

Die „Lindblad-Explorer"

wöchentlich empfängt die *Explorer* den Eisbericht aus Baffin Island. Mit Hilfe von Satelliten und Flugzeugaufnahmen zusammengestellt, ist er für unseren Kurs von größter Wichtigkeit. Wir schreiben den 21. August – schon in einigen Wochen beginnt sich hier im Norden das neue Eis zu bilden. Mitte November sind diese Gewässer dann mit einer Eisschicht von zwei bis drei Metern bedeckt. Die Schmelze setzt im Mai ein und zieht sich bis Mitte August hin.

Der westlichste Punkt von Grönland, Cape Alexander, schiebt sich mit seiner mächtigen, von Rippen durchfurchten Sandsteinbarriere ins Blickfeld. Fjorde mit Gletschern und begrünten Hängen öffnen sich, eine unerwartete Vielfalt der Farben und verschiedenartigen Landschaften.

Mit Zodiac-Schlauchbooten erkunden wir die arktischen Gewässer

In der Nähe von Etah, dem nördlichsten Stützpunkt der Thule-Eskimos, gehen wir vor Anker. Schlauchboote, von kräftigen Außenbordmotoren angetrieben, bringen uns an Land. In der Abendsonne steige ich einen der Höhenzüge hinauf. Zwischen den Gletschern leuchtet das Grün der Tundra, betupft mit rosafarbenem Leimkraut, goldenem Island-Mohn und mit den gelben Blütenbüscheln von Hahnenfuß und Preiselbeeren.

Nach Westen dehnt sich über das Eismeer eine grandiose Sicht, die Berge der kanadischen Küste ragen nadelspitz und dunstverhangen aus dem Eispanzer von Ellesmere Island. Polare Meeresströmungen auf der kanadischen und gemäßigtere Strömungen auf der grönländischen Seite bewirken bizarre Kontraste – hier das Grün des Küstenstrichs von Nordgrönland, drüben die Eiswüste von Ellesmere Island, ein Anblick, an den ich mich erst gewöhnen muß.

Nach unserem Landausflug setzen wir die Fahrt durch den von Grönland und Ellesmere Island begrenzten Smith-Sound fort und steuern Kane-Basin an, eine Meerespassage, deren Eisbarrieren mehreren Polarexpeditionen, so auch der von Dr. Elisha Kane, zum Verhängnis wurde. Zwei Winter (1853 und 1854) verbrachten Kane und seine Leute im Eis, das Schiff eingefroren, halbverhungert, und dankbar für jeden Robbenschwanz, der ihnen von den Etah-Eskimos gebracht wurde. Nach einem dramatischen Weg südwärts mit Hundeschlitten und Boot wurden die Amerikaner schließlich von einem Schiff am Cape York aufgefischt, aber ihr Überleben verdanken sie den Leuten von Etah. Kane schreibt in seinem Tagebuch über diese Eskimos: „My heart warms to these poor, dirty, miserable, yet happy beings, so long our neighbours and of late so staunchly our friends. I talked to them as brothers for whose kindness I still have a return to make." – „Mein Herz schlägt für diese armen, schmutzigen, bemitleidenswerten und doch zufriedenen Kreaturen, mit denen wir so lange als Nachbarn und Freunde Kontakt hatten. Ich behandelte sie als Brüder, für deren Hilfe ich mich noch zu revanchieren habe."

Es ist Mitternacht. Wachablösung auf der Brücke. Peter Letzen, der Zweite Offizier, hat das Kommando übernommen.

Das Packeis im Smith-Sound wird dichter. Seine dreijährige Dienstzeit auf einem schwedischen Eisbrecher kommt Letzen jetzt zugute; mit Fingerspitzengefühl, nicht ohne Eleganz, laviert er das Schiff durch die Eispassagen. Selbst wenn die Lage aussichtslos scheint, erspäht er immer wieder einen Durchschlupf. Mit ihrem eisverstärkten Rumpf ist die *Explorer* immer noch kein volltauglicher Eisbrecher. Daher ist in Situationen wie dieser größte Vorsicht geboten. „Entscheidend ist", sagt Letzen, „daß man das Schiff, wenn auch mit stark herabgesetzter Fahrt, in Bewegung hält und daß man nicht gegen, sondern mit der Eisbewegung steuert."

Am Horizont steht nun die Mitternachtssonne, eine kalte, rote Kugel, deren Strahlen das nachtblaue Eis betasten.

Eisberge der Grönlandgletscher auf ihrer Drift in den Süden

Kanada liegt zum Greifen nahe, im Osten sind schemenhaft die Konturen von Grönland erkennbar. Die Frage, ob wir bei den gegebenen Eisverhältnissen eine Chance haben für unser Ziel, die von Ellesmere ostwärts reichende kleine Bache-Halbinsel anzusteuern, beantwortet Letzen mit Achselzucken.

Die Halbinsel liegt zwischen zwei mächtigen Gletschergebieten. Auf Bache wurden in den letzten Jahren bedeutende Funde aus prähistorischer Zeit gemacht, die auf die Dorset- und Thule-Eskimokulturen hinweisen. Die Dorset kamen um 2000 v. Chr. von Zentralasien in die Arktis, sie kannten weder Hundeschlitten noch Pfeil und Bogen, aber man nimmt an, daß sie die Thule-Eskimos mit dem Bau von Iglus, ihren Schneehäusern, vertraut machten.

Die Wissenschaftler entdeckten Fundamente eines 45 Meter messenden Langhauses, fanden Feuerstellen, Werkzeuge, Schmuckgegenstände und Jagdgeräte wie Speerspitzen aus Stein und Elfenbein. Radio-Carbon-Tests lassen auf letzte menschliche Spuren zwischen 800 und 900 n. Chr. schließen. Wurden die Dorset von den Thule-Eskimos verdrängt, vernichtet, absorbiert? Oder konnten sie sich nicht auf das allmählich kälter werdende Klima umstellen? Geben bestimmte, auf Bache gefundene Stoffreste und Holzgegenstände einen Hinweis darauf, daß bereits im 12. Jahrhundert die Wikinger an der Küste von Ellesmere auftauchten?

Das dumpfe Kratzen, mit dem die Eisschollen am Rumpf entlangschaben, klingt ungemütlich. Es wird immer schwieriger, mit dem Schiff weiter vorzudringen. Um jedes Risiko auszuschalten, holt Letzen den von der *Explorer* für diese Reise engagierten Eis-Experten Tom Pullen auf die Brücke, einen Kanadier, der als Kapitän von Zerstörern und Eisbrechern viele Jahre in diesen Gewässern verbracht hat. Pullen rät augenblicklich zur Umkehr, denn durch die Drift könnte uns das Eis den Rückweg versperren und bis zum Eintreffen eines Eisbrechers würden Tage vergehen.

Ja, sage ich mir, das wär ein Ding, hier einmal mit einem Eisbrecher unterwegs zu sein – und ahne nicht, daß ich ein Jahr später mit einem Team des Bayerischen Fernsehens auf einem Eisbrecher der kanadischen Küstenwache einen Dokumentarfilm drehen werde.

Die Hoffnung, bis zur Bache-Peninsula vorzudringen, bleibt buchstäblich im Eis hängen, und der Entschluß zur Umkehr steht fest, als schließlich Kapitän Nilsson auf der Brücke erscheint. Wir haben den nördlichsten Punkt unserer Reise erreicht, unsere Position beträgt 78 Grad, 50 Minuten, der Nordpol ist noch ungefähr 1230 km entfernt.

Gerade in diesem Augenblick taucht ein hellgelber Punkt auf – unser erster Eisbär! Er lag schlafend auf einer Scholle, als ihn das Geräusch der Schiffsmotoren aufschreckte. Geschmeidig gleitet er ins Wasser und schwimmt vor uns her. Über Lautsprecher werden die Passagiere informiert – die einen kommen im Schlafanzug, die anderen hemdsärmelig, es ist zwei Uhr morgens, das Thermometer zeigt minus 14 Grad.

Die *Explorer* begleitet den Bären hundert, zweihundert Meter mit Manövern, die auf engstem Raum im Eis das ganze Geschick des Kapitäns erfordern. Schließlich beendet unser Freund mit einem Satz auf die nächste Scholle das Spektakel

Der König der Arktis

und zieht mit gemächlichen Schritten davon – ein König der Arktis!

Der hohe Norden hält uns in Atem. Entlang der packeisgesäumten Küste von Ellesmere Island bahnt sich die *Explorer* ihren Weg. In Sichtweite die Icy Mountains, ein Gebirgszug, der sich mit 3000 Meter hohen Gipfeln von Baffin Island über die Devon-Insel bis Ellesmere erstreckt. Auf seinem Rücken trägt er die größte Ansammlung von Gletschern außerhalb Grönlands und der Antarktis.

Das Land um die Icy Mountains erscheint auf den ersten Blick ohne Leben, aber in den Tälern und Küstenebenen gedeiht üppig die Tundra, bewohnt von Moschusochsen, Karibus, Wolf und Polarfuchs. Ellesmere ist mit 240 000 Quadratkilometern eine der größten Inseln im kanadischen Eismeer, etwas größer als die ganze Bundesrepublik Deutschland. Dennoch leben hier nur knapp einhundert Eskimos.

Wieder schwimmt ein Eisbär, diesmal mit einem Baby huckepack, zwischen den Schollen! Jeder Bär verursacht regelmäßig Alarm auf dem Schiff. Keiner will sich das Ereignis entgehen lassen. Immer häufiger kommt es jetzt zu diesen Begegnungen; die Zahl der Eisbären beträgt in der Region zwischen Devon Island und Ellesmere nach Untersuchungen eines kanadischen Forschungsinstituts rund eintausend Exemplare. Sie übertreffen den Aktionsradius ihrer landgebundenen Genossen um ein Vielfaches; so tauchten Bären aus Spitzbergen in Südgrönland auf, andere wanderten und drifteten von Alaska nach Sibirien. Nur während der Eisschmelze in den Sommermonaten zieht sich ein Teil der Tiere auf festen Boden zurück.

Noch wissen wir verhältnismäßig wenig über das Verhalten der Eisbären, da sich die Tiere in schwer zugänglichen Gebieten aufhalten. Einem kanadischen Wildhüter gelang es mit einer Betäubungsspritze, die er per Pfeil auf die Tiere schoß, über eintausend Bären zu narkotisieren und anschließend zu kennzeichnen; nur einer der Bären mußte die Prozedur nach einem überraschenden Angriff auf den Ranger mit dem Leben bezahlen. Um die Eisbären vor dem Aussterben zu bewahren, wurde zwischen Kanada, den USA, Dänemark, Norwegen und der UdSSR ein Abkommen geschlossen, das sie unter besonderen Schutz stellt. Eskimos dürfen die Bären zwar nach wie vor jagen, aber nur im Rahmen bestimmter jährlicher Abschußmengen.

Vor unserem Besuch der Eskimosiedlung Grise Fjord weisen uns zwei an Bord gekommene Kanadier darauf hin, die Leute nicht mit Shopping, Geknipse und Filmerei zu erschrecken. Die *Explorer*, sagt man uns, sei das erste Passagierschiff, das in Grise Fjord vor Anker gehe, und fünfundneunzig plötzlich auftauchende Fremde müßten die Eskimos geradezu als eine Invasion empfinden.

Grise Fjord liegt zwischen dem Meer und den Bergen von Ellesmere Island am 76. Breitengrad. Es ist die nördlichste Eskimosiedlung Kanadas, 102 Einwohner, davon 94 Eskimos.

Viele Europäer betreten die Eskimodörfer in der kanadischen Arktis mit der Vorstellung, dort einer Lebensweise zu begegnen, die vergangenen Zeiten entspricht. Schon die ersten Schritte durch Grise Fjord belehren uns, daß auch hier ein neues Zeitalter angebrochen ist: Es gibt vorgefertigte Holzhäuser, einen Gerätepark mit Raupen- und Müllfahrzeugen sowie Schulhaus, Kirche, Laden und Polizeistation.

Im Vergleich zu vielen anderen Eskimosiedlungen in Alaska und Kanada macht Grise Fjord einen ziemlich freundlichen, aufgeräumten Eindruck. Keine Abfallhalden vor den Türen – nur der Strand erinnert mit verrosteten Motorschlitten, Coladosen, vergilbten Seehundfellen und anderem Abfall an die in dieser Hinsicht etwas lässigeren Eskimogebräuche.

Im Dorf herrscht Unruhe; vor ein paar Tagen wurden über dreißig Narwale an Land gezogen, obwohl die jährliche Fangquote für Grise Fjord auf zwanzig Exemplare begrenzt ist. Ihre Kadaver liegen jetzt am Strand. Der Ortspolizist leitete eine Untersuchung ein und beschlagnahmte den Fang – die Eskimos waren wütend.

„Ja, das Leben hier ist hart, aber wir sind zufrieden", meint Anni Audlaluk in fließendem Englisch. „Wir sind es eben nicht anders gewöhnt. Die Kälte stört uns wenig. Sehen Sie, mit dem Hundeschlitten sind wir zuweilen ein, zwei Wochen bei Temperaturen von minus zwanzig, dreißig Grad unterwegs.

Ein Eskimo mit den Resten eines Wals

Manchmal fahren wir zur Jagd bis hinüber nach Devon Island, das macht an die hundert Meilen."

Die Leute von Grise Fjord gehen wie ihre Vorfahren auf die Jagd und zum Fischfang. Das ist zwar kein lukratives Geschäft, aber damit erhält sich der Eskimo einen letzten Rest von Entscheidungsfreiheit, er braucht sich nicht der Autorität eines Weißen aus dem Süden zu unterwerfen, dessen Regeln und Gedankengut er ohnehin nur teilweise versteht. Andererseits machten Motorboot, Motorschlitten und modernste Jagdwaffen die Eskimos autark – bestünden keine Abschußquoten für bestimmte Tiere, würden sie alles abknallen, was ihnen vor die Flinte kommt. Den Trieb zur Jagd konnte auch der neue Lebensstil nicht unterdrücken.

Für 150 Dollar pro Tag würde mich Looty Pijamini mit seinem Hundeschlitten ins Jagdrevier aufs Packeis mitnehmen. Ein Franzose, meint er dann schmunzelnd, sei allerdings letztes Jahr beim Auftauchen des ersten Eisbäres Hals über Kopf davongelaufen.

Tookilkee Kiguktak, mit dem wir auf der Dorfstraße ins Gespräch kommen, ist schon von seinem Äußeren her der Prototyp des Jägers und Trappers, ein alter Haudegen, wie es im Dorf heißt. Kürzlich, erzählt er, fuhr er mit dem Motorschlitten in einer Woche zu seinen grönländischen Freunden hinüber nach Thule. Auf die Frage, was im Fall einer Panne geschehen wäre, antwortet er kurz und bündig: „Dann mußt du die Kiste reparieren oder zu Fuß weiterlaufen."

Alle zwei, drei Jahre kommt es zwischen Grise Fjord und Thule zu einem regelrechten „kleinen Grenzverkehr" mit

Ein Eskimo-Polizist aus Grise Fjord

gegenseitigen Besuchen und gemeinsamen Jagdausflügen. Früher benutzten die Eskimos Hundeschlitten zu der Reise, heute chartern sie ein Flugzeug – auf einen Motorschlittentrip wie Kiguktak lassen sich die wenigsten ein. Zweifellos, die Legende über die völlig von der Außenwelt abgeschnittene Arktis gehört der Vergangenheit an. Sogar in dem winzigen, weltvergessenen Grise Fjord gibt es einen kleinen Flugplatz, und wenn es das Wetter zuläßt, kommt einmal in der Woche eine Maschine aus dem 400 km entfernten Resolute. Hin und wieder sind unter den Passagieren auch ein paar Touristen. Letztes Jahr, weiß die für Tourismusfragen zuständige Eskimofrau zu berichten, waren es schon fünfzehn. Die Eskimos fackelten nicht lange. Sie erkannten ihre Chance, bauten ein kleines Hotel und kassieren pro Übernachtung mit Vollpension umgerechnet 260 Mark pro Tag.

Obwohl in Grise Fjord der Alltag der Eskimos mehr als in anderen Siedlungen von der Tradition bestimmt wird und man das Gefühl hat, Menschen, die noch fest in ihren ursprünglichen Lebensformen verwurzelt sind, zu begegnen, kommt man auch hier an der Erkenntnis nicht vorbei, daß die Eskimos aus der Eiszeit gerissen und vom 20. Jahrhundert überrollt wurden. So verloren sie im Lauf der Zeit durch den immer stärkeren Einfluß von Missionaren, Polizei und der Handelsgesellschaft „Hudson-Bay Company" nicht nur ihre Unabhängigkeit, sondern auch ihre Fähigkeit, aus eigener Kraft zu überleben. Und je mehr sie auf den „Way of Life" aus dem Süden angewiesen waren, desto schneller schwand auch ihre Selbstachtung. Sie tragen Jeans, Nylonanoraks und Baseballkappen, während sich die Weißen in 500-Dollar-Eskimoanoraks präsentieren.

Der Bau von Militärstützpunkten und Forschungsstationen in der Arktis brachte den Eskimos vorübergehend zwar neue Einkommensquellen, verführte aber auch zu einem radikalen Umbruch in ihren Lebensgewohnheiten. Nach der Ausrottung der Karibus im Süden baute man im Norden neue Dörfer, wo die Eskimos neu angesiedelt wurden; jedoch fehlt vielen dieser Gemeinden die wirtschaftliche Grundlage. Zahlreiche Militärstützpunkte wurden wieder geschlossen, und den Export von Robbenfellen nach Europa und in die USA mußten sie einstellen. Die Folge waren Arbeitslosigkeit, Alkoholismus und das apathische Warten auf den monatlichen Fürsorge-Scheck vom Staat.

„Mein Vater", erzählt uns später eine Frau in Cape Dorset, „war ein großer Jäger und im Dorf sehr geachtet. Dann erschienen die Qadloona, die Weißen, mit ihren Fertighäusern und Maschinen, und wir bewunderten sie. Aber die Erfahrung meines Vaters zählte nicht mehr, man ignorierte ihn, er begann zu trinken, und meine Mutter verließ das Haus."

Andererseits, erklärt mir ein aufgeschlossener, intelligenter Eskimobursche aus Arctic Bay, sei er mit dem Gang der Dinge durchaus einverstanden: „In den letzten zwanzig Jahren hat sich viel geändert, und ich glaube, zum Positiven für uns. Sehen Sie, obwohl die meisten von uns einen Motorschlitten haben, gibt es jetzt im Dorf wieder vier Hundeschlittengespanne, und die jüngeren Leute gehen mit den Alten wieder zur Jagd. Im Sommer ziehen oft ganze Familien zwei bis drei Wochen

Eskimos in Arctic Bay auf Baffin Island

hinaus in die Jagdcamps." Derzeit besucht der junge Mann Verwandte hier in Grise Fjord. Einige Wochen später fliegt er wieder zurück nach Inuvik in der westlichen Arktis, wo er bei einer Ölgesellschaft als Lastwagenfahrer beschäftigt ist.

Dann versucht er, auf meine Bitte, mich in die Anfangsgeheimnisse der Eskimosprache einzuweihen. Also:

Tuktoo: ein Karibu.

Tuktoojuak: ein großes Karibu.

Tuktoojuakseok: Jagd nach einem großen Karibu.

Tuktoojuakseokniak: künftige Jagd nach einem großen Karibu.

Tuktoojuakseokniakpunga: ich werde ein großes Karibu jagen.

Die Formulierung für „Stop, ich gebe auf" habe ich inzwischen wieder vergessen . . .

Die Eskimos von Grise Fjord, heißt es, kommen mit den Kanadiern aus dem Süden – meist Lehrer, Ärzte, Krankenschwestern, Techniker, Polizei- und Verwaltungsbeamte, Angestellte der Hudson-Bay Company – ganz gut zurecht. Für diese Menschen bedeutet der Aufenthalt in der Arktis ein Zwischenspiel von ein paar Jahren, eine Möglichkeit, in kurzer Zeit viel Geld zu verdienen. Um sich mit den Problemen des Nordens, mit der Identitätskrise der Eskimos näher zu befassen, fehlt es meist an Zeit und Interesse. Leute wie der Lehrer von Grise Fjord, der meint, er lebe hier zwar im letzten Winkel der Erde, aber er sei doch froh, hier zu sein, und er bemühe sich um eine Verlängerung seines Vertrages, gehören zu den Ausnahmen.

Wir verlassen Grise Fjord und nehmen Kurs auf Baffin Island. Am Steuer der *Explorer* steht Carina Örarbäck, eine junge Schwedin, Mitte Zwanzig, die mit ihrem Aussehen bei jeder Modenschau Karriere machen könnte. Wie sie die Kommandos des Kapitäns ausführt, zeugt von einem Selbstvertrauen, als wäre sie schon Jahrzehnte auf den Weltmeeren herumgeschippert. Dabei war der Weg zur See für sie eher eine spontane Entscheidung. „Nach Schulabschluß meldete ich mich einfach bei einer Seemannsagentur. Nun, dort war man ziemlich erstaunt – aber ich ließ nicht locker und landete schließlich auf einem Frachter." Sie machte dann das Skipper-Patent für kleine Schiffe, denkt jetzt an die Offizierslaufbahn und genießt, wie sie zugibt, jeden Tag auf der Brücke der

Explorer. Zwar hatte Kapitän Nilsson anfangs Bedenken gegen eine Matrosin auf einem Expeditionsschiff, „aber inzwischen", so der Kapitän, „gehört Carina zu meinen besten Seeleuten. In schwierigen Situationen ist sie aufgrund ihrer Intelligenz am Ruder erste Wahl."

Carina steuert schnurgerade auf das Eskimodorf Pond Inlet an der Ostküste von Baffin Island zu. Im Hafen liegt der Eisbrecher *Pierre Radisson,* aber die meisten Passagiere der *Explorer* sind weniger an diesem Schiff, sondern an dem Laden der Hudson-Bay Company interessiert. Besonders hoch in Kurs stehen dort die von Eskimos hergestellten Steinskulpturen. Das Angebot reicht vom Seehund bis zum Eisbären – einträgliches, solides Kunsthandwerk. „Eskimo-Art" bringt den Bewohnern von Cape Dorset bis zu drei Millionen Dollar im Jahr ein. Damit gehören sie zu der winzigen Gruppe wohlhabender kanadischer Eskimos.

Pond Inlet ist ein typisches Beispiel für kanadische Eskimosiedlungen: Vor gut zwanzig Jahren wurde der Ort auf Betreiben der Regierung in Ottawa gegründet, um die in der Umgebung nomadisierenden Eskimos hier zusammenzufassen. Sie wurden seßhaft, zogen in die vom Staat errichteten Einfamilienhäuser und machten sich mit Fernseher und Kühlschrank vertraut. Die Häuser gehören ihnen nicht. Die monatliche Miete liegt zwischen 300 und 500 Dollar. Die Eskimos verdienen sich ihr Geld als Hilfsarbeiter, als Angestellte der Hudson-Bay Company oder als Jäger und Schnitzer. Die Verdienstmöglichkeiten der Weißen sind den Umständen angepaßt: Ein Mechaniker kommt auf 20 000 bis 25 000 Dollar pro Jahr, ein Lehrer erhält 20 000 bis 30 000 Dollar.

Im Gegensatz zu Grise Fjord wirkt Pond Inlet mit seinen Straßen und Häuserzeilen schon beinahe wie eine kleine Metropole, obwohl die Stille über dem Ort fast gespenstisch wirkt. Nur gelegentlich rattert ein Eskimo mit seinem Motorrad oder Pick-up vorbei.

„An Wochenenden", meint ein Beamter in der Station der Royal Canadian Mounted Police, „ist halb Pond Inlet draußen in den Jagdcamps oder beim Fischfang. Erst vor zwei Tagen wurden in Küstennähe über einhundert Narwale gesichtet."

In Pond Inlet lebt unter den Eskimos auch ein aus Deutschland ausgewanderter Wissenschaftler, Hermann Steltner. Jeder Eskimo kennt sein Haus. Steltner hat nicht nur in Pond Inlet einen guten Namen. Mit seinen Forschungsarbeiten, die teils an Regierungsaufträge gekoppelt sind, machte Steltner in der gesamten kanadischen Arktis von sich reden. „Es handelt sich bei meinen Arbeiten vor allem um Fragen, die mit dem Schiffstransport, mit der Navigation zu tun haben – Kenntnisse, die gesammelt werden müssen, um einmal das Material Eis in all seiner Vielfalt kennenzulernen. Das gleiche gilt für die Klimakunde und Ozeanographie. Wir haben hier Gebiete, die neun Monate und länger mit Eis bedeckt sind; auf diesen Flächen erstellen wir unsere Meßpunkte, um Eistemperaturen und andere Daten zu ermitteln. Eisberge spielen bei meiner Arbeit eine wesentliche Rolle, denn bevor sie auf den Atlantik treiben, kommen sie bei uns vor der Haustür vorbei. Unter tausend Eisbergen ist einer, der kein Radarecho wiedergibt, und mit diesem einen Eisberg beschäftigen wir uns."

Auch im entlegensten Dorf sind die Eskimos mittlerweile längst motorisiert

Steltner fühlt sich offenbar wohl in Pond Inlet. Mit den Eskimos steht er auf gutem Fuß. Einige heuerte er als Hilfskräfte für seine Forschungsarbeiten an, lernte sie an, und die sind, wie er sagt, sogar recht zuverlässig. Letztes Jahr hatte er über zweihundert Besucher, Kollegen aus aller Welt. „Langeweile? Dazu haben wir bei diesem Betrieb gar keine Zeit, und wenn hier weniger zu tun ist, gehen wir zurück in den Süden. Ja, und manchmal fliegen wir auch nach Deutschland, um Freunde zu besuchen."

Steltner ist neben den ungefähr fünfzig Weißen, die hier vorübergehend leben, nicht der einzige Fremde im Ort. Sportfischer aus aller Herren Länder kommen nach Pond Inlet, um ihre Angeln nach dem berühmten Eislachs (Arctic Char) auszuwerfen. Aber man hat es gelegentlich auch mit Leuten zu tun, die, laut Joe Enook vom Sahoonik-Hotel, „nur mit Shorts und Tennisschuhen im Gepäck auftauchen." Seine letzten Worte sind im Getöse eines plötzlich einsetzenden Schneesturms kaum noch vernehmbar.

Schnee, Kälte und neues Eis . . . Wir verlassen Pond Inlet in aller Eile, fahren um die Südspitze von Baffin Island, kreuzen dann noch zwei Tage in der Hudson Bay und nehmen schließlich Kurs auf Halifax, der Endstation unserer Odyssee im Eis der Arktis.

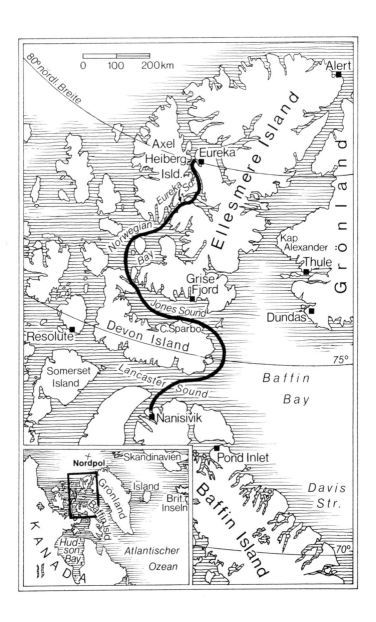

Arktis – Position 80° Nord

„Kurs zehn Grad backbord!" Ruhig und konzentriert gibt Kapitän Paul Pelland die Kommandos. Ein prüfender Blick auf den Radarschirm, Pelland reduziert die Geschwindigkeit des Schiffs. Mit der Routine und Gelassenheit eines Mannes, der sein Metier wie im Schlaf beherrscht, dirigiert der gedrungene Frankokanadier seinen Eisbrecher durch das Meer der kanadischen Arktis. Seit 12 Jahren steht Pelland als Kapitän auf der Brücke von Eisbrechern, 26 Fahrten in die Arktis liegen hinter ihm.

Dröhnend, zitternd, bebend bricht sich das 8000 Tonnen schwere Schiff seine Bahn durch das türkis und dunkelgrau schimmernde Packeis östlich von Ellesmere Island, hinter uns die tiefblauen Fluten der Norwegian-Bay, aufgewirbelt von den unermüdlich rotierenden Schiffsschrauben der *Pierre Radisson*. Es ist Ende August, der Himmel mäßig mild: 5 Grad über Null. Dunkelrot nähert sich die Sonne dem Horizont, über den sie, ohne unterzugehen, während der Polarsommernacht entlangzieht und alles mit einem warmen Schimmer bedeckt.

Vier Tage sind wir jetzt in der Arktis unterwegs. Mit zwei Kameramännern und einem Tontechniker vom Bayerischen Fernsehen flog ich von München vor einer Woche über Montreal zum nördlichsten Zipfel von Baffin Island nach

Nanisivik. Nanisivik auf Baffin Island war der vereinbarte Treffpunkt mit der *Pierre Radisson,* nachdem die kanadische Küstenwache uns die Genehmigung zu Dreharbeiten für eine Dokumentation über den Einsatz eines Eisbrechers erteilt hatte.

Nanisivik liegt im äußersten Norden von Baffin Island: eine Insel, doppelt so groß wie England, mit 507 450 Quadratkilometern nach Grönland die zweitgrößte in der nördlichen Hemisphäre. An ihrer Ostküste ist sie stark vergletschert, aber hier im Norden kaum vereist. Baffin Island ist unser Tor zur Arktis. Man nimmt an, daß bereits um die Jahrtausendwende Wikinger vor seiner Küste kreuzten. Im Jahr 1577 landete dann der Engländer Martin Frobisher auf der Suche nach einer Meerespassage in den Orient an der Südküste von Baffin Island, und acht Jahre später kam John Davis mit seinen Schiffen „Sunshine" und „Moonshine", um einen Seeweg im Auftrag der Kaufmannsvereinigung „Merchants of London" ausfindig zu machen.

Nanisivik: eine Bergwerkssiedlung, die vor acht Jahren in die Polarlandschaft gestellt wurde. Mit ihren schmucklosen, ja kahlen Fassaden ermuntert sie uns nicht unbedingt zu längerem Verweilen. Die Dorfstraße ist von grünen, weißen und grauen Einfamilienhäusern, Kunststoffbauten im Iglu-Look, gesäumt. Wie ausgestorben liegt sie da. Nur manchmal dringt das Heulen eines Hundes durch die Stille.

Ein- bis zweimal in der Woche kommt die Maschine aus dem Süden, in diesem Fall aus dem 2800 Kilometer entfernten Montreal, das heißt, wenn sie überhaupt kommt. Schneeregen,

Eis und Stürme machen der Boeing 737 oft einen Strich durch die Rechnung und zwingen den Piloten zur Umkehr.

Wie das Leben so sei, im hohen Norden? – „Nun", meint der Bergwerksdirektor aus Berlin, „man kommt hier trotz allem ganz gut über die Runden. Die Löhne stimmen, deswegen ist wohl auch das Arbeitsklima besser als im Süden. Es gibt keine Gewerkschaften hier oben, daher auch keine Streiks. Und das wichtigste: Unsere Leute erhalten alle drei Monate zwei bis drei Wochen bezahlten Heimaturlaub. Glauben Sie mir, wenn hier im Winter das Thermometer regelmäßig minus dreißig, vierzig Grad anzeigt, sind Sie früher oder später reif für einen Tapetenwechsel, und dann gibt es für unsere Leute nur eine Devise: Hawaii oder die Karibik."

Die in Nanisivik abgebauten Erze werden an Ort und Stelle zu Blei- und Zinkkonzentraten verarbeitet und von eisverstärkten Frachtern im August und Anfang September nach Antwerpen transportiert, wenn die Eisverhältnisse in der Davis-Strait, der Meeresstraße zwischen Grönland und Baffin Island, einigermaßen günstig sind. Dort wird nach Deutschland weiterverladen. Da der Transportweg von der Mine zum Schiff nur ein paar hundert Meter lang ist, bleiben die Produktionskosten für die Erzkonzentrate ziemlich niedrig. Nanisivik ist daher trotz seiner nördlichen Lage eine der wenigen Minen in Kanada, die noch mit Profit arbeiten; der Gewinn im letzten Jahr betrug rund 2 Millionen Dollar. Um so schlechter ist es um die Zukunft bestellt, denn in sechs bis sieben Jahren sind, so der Geologe Reinhard von Gutenberg, die Erzvorkommen erschöpft. „Im Moment", sagt mir von Gutenberg, „weiß hier

Eskimos auf Baffin Island

kein Mensch, was passieren wird, falls wir nicht mehr fündig werden. Soll das Dorf wieder abgebaut werden? Sollen Eskimos einziehen? Wird das Militär die Anlagen übernehmen? Die meisten denken lieber gar nicht daran."

Erster Tag. Mit meinem Kamerateam vom Bayerischen Fernsehen gehe ich wieder an Bord der *Pierre Radisson*. Über den Eisbrecher hatten wir uns bereits vor unserer Abreise informiert: Das Schiff, 75 m lang und 20 m breit, gehört zur Flotte von neun Eisbrechern der Coast Guard, der kanadischen Küstenwache. Die Küstenwache ist mit insgesamt 160 Schiffen und 35 Hubschraubern ausgerüstet. Ihre Aufgabe ist es, die Schiffswege in der Arktis, in der Hudson Bay und auf dem St.-Lorenz-Strom freizuhalten; außerdem ist die Coast Guard für

Rettungseinsätze auf See zuständig sowie für die Versorgung von Leuchtturmpersonal. Zu ihren Aufgaben gehört auch das Auslegen von Tiefseekabeln, und sie führt ozeanographische Messungen sowie Flüge zur Beobachtung der Eisverhältnisse durch.

Wir nehmen Kurs nach Norden: ein Seeweg von 1300 Kilometern liegt vor uns. Kapitän Pelland hat von der Coast-Guard-Zentrale in Ottawa den Auftrag, mit seinem Schiff den Tanker *Le Saule Numero Un* von Cape Sparbo nach Eureka zu begleiten; der Tanker bringt Heizöl nach Eureka, das dort schon dringend benötigt wird. Die Wetterstation Eureka liegt genau am 80. Breitengrad auf Ellesmere Island. Neben der Militärbasis Alert ist Eureka der nördlichste Stützpunkt in der Arktis; das nächste Eskimodorf, Grise Fjord, liegt 540 Kilometer weiter im Süden. Nur im August, wenn das Eis aufbricht und teilweise schmilzt, ist es möglich, mit dem Schiff bis Eureka vorzudringen. Anfang September beginnt bei Wassertemperaturen von minus 2 Grad die Bildung von neuem, jungem Eis. Zwei Wochen später wäre jede Fahrt in diese Gewässer zum Scheitern verurteilt.

Die *Pierre Radisson* pflügt durch die offene See; die Eisgrenze werden wir in zirka 24 Stunden erreichen. Für unser Fernsehteam gibt es vorerst wenig zu tun. Erst im Packeis wird es ernst. Dann gilt es, mehrere Abschnitte von geschlossenen Packeisfeldern zu bezwingen, jedes 100–200 km, dazwischen wieder einigermaßen leicht befahrbare Abschnitte. Am Horizont glühen in der Mitternachtssonne die Felswände von Baffin Island. Wir haben Zeit, uns auf dem Schiff umzusehen. Sicher,

Der Eisbrecher „Pierre Radisson" im Packeis der kanadischen Arktis

es gibt größere, stärkere Eisbrecher als die *Pierre Radisson* mit ihren 13 600 PS und 8000 Tonnen; die amerikanischen Eisbrecher der Polarklasse verfügen beispielsweise über Maschinen von 60 000 PS, und ein atomgetriebener Eisbrecher der Russen soll 75 000 PS leisten. Aber die *Pierre Radisson* ist nicht nur nach dem neuesten Stand der Technik gebaut und mit raffiniertester Elektronik ausgerüstet, sondern auch ein komfortables, beinahe gemütliches Schiff, auf dem es sich angenehm leben läßt. Beim ersten Rundgang mit dem Quartiermeister kommen wir durch Speisesaal, Bar und Bibliothek; sogar ein Fitneßraum ist vorhanden.

Das 1978 in Dienst gestellte Schiff ist nach dem französischen Entdecker und Pelzhändler Pierre Radisson benannt, der bei der Gründung der berühmten Handelsgesellschaft „Hudson-Bay Company" im Jahr 1670 eine wesentliche Rolle spielte. Die Hudson-Bay Company wurde für die Erschließung des kanadischen Nordens zu einem Begriff; mit dem 1670 durch den englischen Prinzen Rupert ausgestellten Freibrief wurde den Teilhabern der Company und deren Nachkommen der Alleinhandel in der Nordregion Kanadas übertragen, und außerdem wurden ihnen Hoheitsrechte, Verwaltung und Gerichtsbarkeit für diese Ländereien gewährt. Die Geschäfte der Company führten ihre Direktoren in London, die mit den riesigen Gewinnen der Gesellschaft in den Pelztierhandel einstiegen. Im Jahr 1870 übertrug dann die Gesellschaft ihre Hoheitsrechte gegen eine Zahlung von 300 000 Pfund an das Dominion of Canada – den kanadischen Staat –, aber das Handelsmonopol blieb ihr erhalten. Erst in den letzten zehn, fünfzehn Jahren ließen sich in den Eskimodörfern neben den Niederlassungen der Hudson-Bay Company auch Läden von Eskimo-Genossenschaften nieder.

Zweiter Tag. Zwischen Baffin Island und Devon Island durchfährt die *Pierre Radisson* den Lancaster Sound, die Einfahrt zu der bereits erwähnten legendären Nordwest-Passage, einem 6000 Kilometer langen Seeweg, der den Atlantik mit dem Pazifischen Ozean verbindet. Eisschollen treiben im Meer, kleine, 6 bis 7 m hohe Eisberge driften vorbei – Vorboten der Gletscher von Devon Island.

Seit dem 16. Jahrhundert hatten die Engländer in der arktischen Inselwelt nach einer Nordwest-Passage gesucht. Zu den ersten gehörten Bylot und Baffin, die mit der *Discovery* im

Jahr 1616 entlang der Westküste von Grönland bis zum Smith-Sound am 78. Breitengrad segelten. Dort wurden sie vom Packeis wieder auf Südkurs gezwungen. Bylot und Baffin entdeckten anschließend den Jones- und den Lancaster-Sound – „aber eine Nordwest-Passage", so erklärten die beiden nach ihrer Rückkehr in London, „eine Nordwest-Passage gibt es mit Sicherheit nicht."

Auch Sir John Ross, der sich 1818 mit zwei Schiffen auf die Suche nach der Passage machte, kam zu diesem Ergebnis. Parry segelte dann ein Jahr später in den Lancaster-Sound hinein und hätte beinahe die gesamte Nordwest-Passage geschafft, aber eine Eisbarriere in der Melville-Bay zwang ihn kurz vor dem Ziel zum Rückzug. Als Anerkennung für seine Leistung erhielt er in London eine Belohnung von 5000 Pfund. Dann kam Sir John Franklin: 1845 machte er sich mit zwei Schiffen und 134 Mann Besatzung auf den Weg nach Westen, um die Passage „ein für allemal" zu bezwingen. „Aber das Ergebnis", schreibt das ‚Explorer's Journal', „war tragisch und jammervoll." Franklins Expedition verschwand spurlos. Erst Jahre später fand man bei Eskimos Gegenstände, die von Franklin und seinen Leuten stammten.

Dem Südpolbezwinger Amundsen blieb es schließlich vorbehalten, mit seinem 47-Tonnen-Kutter *Gjoa* zwischen 1903 und 1906 erstmals diesen schwierigen Seeweg zu bezwingen.

Bedeutende Erdgasfunde auf Melville-Island rückten die Nordwest-Passage neuerdings wieder ins Rampenlicht der Öffentlichkeit. Dabei geht es vor allem darum, ob die Passage mit eisbrechenden Tankern auch bei extremen Eisverhältnissen ganzjährig befahrbar ist. Kapitän T. C. Pullen hält dies für möglich, falls, wie er sagt, entsprechende Tonnage (130 000 bis 300 000 BRT) und Motoren (100 000 bis 150 000 PS) eingesetzt werden. Als Beispiel führt Pullen die *Manhattan* an, einen 110 000-Tonnen-Tanker, der sich mit 43 000 PS im Jahr 1969 einen Weg durch die Nordwest-Passage bahnte.

Das Tankerprojekt ist allerdings umstritten: Umweltschützer stehen ihm ablehnend gegenüber; Meteorologen befürchten, daß eine ständig offene Rinne im Eis klimatische Veränderungen, zum Beispiel eine Erhöhung der Luftfeuchtigkeit, bewirken könnte. Die Eskimos führen schließlich an, daß die Fahrrinne bei der Jagd im Eis ein unüberwindbares Hindernis darstellen würde.

Die Durchquerung des Lancaster-Sound führt uns zur Ostküste von Devon Island, mit 55 000 Quadratkilometern fast so groß wie Bayern, die fünftgrößte Insel im arktischen Archipel, unbewohnt und bis zu 35 Kilometer landeinwärts vergletschert. Der Eispanzer tropft wie eine zähflüssige Masse über die Felsklippen ins Meer. Schollen teilen sich vor dem Bug des Schiffs. „Bis jetzt machen wir eine glatte Spazierfahrt", meint der Erste Offizier, Allan Stairs, „aber das kann sich schlagartig ändern. Unsere Eiskarte zeigt stabiles Festeis im westlichen Jones-Sound, dort geht dann das Spektakel erst richtig los."

Das Eis – eine Wissenschaft für sich! Täglich erhalten die *Pierre Radisson* und ihre acht Schwesterschiffe von zwei viermotorigen Patrouillenflugzeugen des Typs Lockheed über Funk die Positionswerte der Eisbewegungen, und zwar schon computergerecht verschlüsselt, die dann an Bord mit einem

Plotter aufgezeichnet werden. Ein sogenannter „Ice Observer", ein Eisbeobachter, wertet die Daten aus und gibt dem Kapitän entsprechende Ratschläge bei der Festsetzung des Kurses. Ausschlaggebend ist dabei die von dem Flugzeug übermittelte Eiskarte – ice chart –: diverse Farbmarkierungen kennzeichnen die Stärke der Eisdecke, Zahlenkombinationen geben an, ob es sich um ein- oder mehrjähriges Eis handelt.

Die *Pierre Radisson*, erzählt Allan Stairs, gehört unter den Eisbrechern in die Kategorie „Arctic Class Three"; diese Klassifizierung bedeutet, daß sie mehrjähriges Packeis bis zu einer Stärke von vier bis fünf Metern durchbrechen kann. Bei soliderem Festeis – geschlossene Eisdecke bis zur Küste – liegt die Grenze bei eineinhalb bis zwei Metern. Eine wichtige Rolle spielt demnach immer die Frage: Handelt es sich um Pack- oder Festeis, um einjähriges oder mehrjähriges Eis? Letzteres läßt sich durch seine blaue Färbung deutlich von dem eher in Grautönen spielenden einjährigen unterscheiden, das verhältnismäßig einfach zu brechen ist. Kritisch wird laut Kapitän Pelland die Situation bei Neuschnee. Er macht eine Bestimmung der Eisverhältnisse so gut wie unmöglich. Bei ihrer Kraftprobe mit dem Eis setzt die *Pierre Radisson* vor allem ihr Gewicht ein. Ihre 8000 Tonnen, etwa soviel wie 1020 VW-Käfer, sind dabei nicht gerade viel, wenn man sich folgende Tatsache vor Augen hält: Eis von zwei bis drei Zentimeter Dicke trägt bereits ein Hundeschlittengespann; bei einer Stärke von acht Zentimetern kann man ein Camp errichten. Bei 80 bis 90 Zentimetern ist bereits die Landung einer 2motorigen DC-3 möglich; 1,5 Meter tragen die 75 Tonnen einer mit Fracht beladenen 4motorigen Herkules-Transportmaschine, und auf 2 Meter dickem Eis kann schließlich eine vollbesetzte dreistrahlige Boing 727 landen, die immerhin über 90 Tonnen auf die Waage bringt!

Bei 76 Grad nördlicher Breite gehen wir auf Westkurs und biegen in den Jones-Sound, dessen Begrenzung im Norden die Küste von Ellesmere-Island bildet.

Vor Cape Sparbo, jenem Küstenstrich, an dem Dr. Frederick Cook während seines Rückwegs vom Pol im Jahr 1890 überwinterte, erreichen wir unseren Tanker, die *Saule Numero Un*. Ohne den Beistand der *Radisson* wäre an eine Weiterfahrt des 10 000-Tonnen-Tankers jetzt nicht mehr zu denken.

Dritter Tag, Jones-Sound: Wir folgen dem Kurs von Edward Inglefield, der 1852 auf der Suche nach den vermißten Schiffen von Franklin als erster den Jones-Sound erkundete. Seit 1948 wird diese Meerespassage regelmäßig von Eisbrecherkonvois auf dem Weg nach Eureka befahren. Mit jedem Meter westwärts nimmt die Zahl der Schollen zu, aber noch gleitet unser Schiff ruhig durchs offene Meer. Die Eisklötze wischt es mit lässiger Eleganz zur Seite.

Eisberge ziehen vorbei: sie sind immer wieder ein herrlicher Anblick. Etwa 70 Prozent dieser schwimmenden Traumgebilde stammen von der grönländischen Westküste, von deren zwölf größten Gletschern jährlich etwa 5400 Eisberge losbrechen. Entlang der grönländischen Seite treiben sie zunächst mit einer wärmeren Meeresströmung nach Norden, wechseln dann in der nördlichen Baffin-Bay auf die kanadische Seite, überwintern im Packeis und tauchen schließlich im Frühling vor den

Eisberge; für Schiffe auch heute noch eine Gefahr

Küsten von Labrador und Neufundland auf. Besonders dicke Brocken schaffen die Reise bis zu den Azoren. Für die Schiffahrt stellen Eisberge, wie Hermann Steltner in Pond Inlet schon erwähnte, noch immer eine tödliche Gefahr dar: Obwohl weitreichende Radargeräte große Berge auf eine Entfernung von 15 Meilen erfassen können, ist auf ihre Ortung nicht immer Verlaß, da vor allem flachere Eisberge mit Schollenform die Radarstrahlen kaum zurückspiegeln. Selbst mit Sonar- und Echolotsystem läßt sich in so einem Fall keine sichere Entfernung einhalten, und das wird vor allem bei Nacht oder Nebel brenzlig.

Stunden später. In der Ferne zieht am Himmel ein geheimnisvolles, intensives Blinken (Ice Blink) auf, für Kapitän Pelland ein untrügliches Zeichen für stabiles Festeis. Dieses Blinken ist eine Naturerscheinung, die durch die Spiegelung von ausgedehnten Eisflächen auf tief ziehenden Wolken verursacht wird. „Der Ice Blink", kommentiert Pelland, „ist wahrscheinlich das zuverlässigste Mittel, um größere Eisfelder zu orten; ein weiterer Anhaltspunkt sind Nebelbänke, die sich am Rand der Eiszone bilden. Aber auch das Auftauchen von Seehunden, Walrossen und diversen Vogelarten spricht für umfangreiche Eisbildung."

Es wird Mitternacht, bis wir die Eisbarriere erreichen. Im fahlen Licht der Polarnacht breitet sich endloses Weiß bis an den Horizont. Wie Pelland vorhersagte, handelt es sich um Festeis, das heißt um eine stabile Verbindung bis zu den Küsten von Devon Island und Ellesmere Island. Mein Kamerateam ist seit Stunden auf den Beinen. Das helle Abendlicht auf dem Eis und dem Küstenbogen erzeugt eine Stimmung, wie wir sie noch nie erlebt haben.

Pelland stoppt das Schiff. „Helicopter-pilot, please prepare for immediate departure!" Über Lautsprecher informiert der Zweite Offizier den Hubschrauberpiloten über den bevorstehenden Einsatz. Zur Navigation im Eis führt die *Pierre Radisson* ständig einen Hubschrauber vom Typ Bell-212 mit an Bord. Innerhalb von Minuten ist der Teleskop-Hangar zurückgefahren, Besatzungsmitglieder mit Feuerlöschgeräten stehen bereit, der Schiffskran setzt für den Notfall ein motorisiertes Schlauchboot ins Meer.

Es ist 1.30 frühmorgens. Wir starten. Die Sichtverhältnisse sind ausgezeichnet. In einer Höhe von 200 Metern überfliegen wir das Eis, suchen nach einer Rinne, nach einem „Lead" für unser Schiff. Die rechte Seitentüre des Hubschraubers ließ ich vor dem Start abmontieren, um dem Kameramann bessere Sichtbedingungen zu verschaffen – die Kälte, die dadurch in die Maschine dringt, geht uns durch Mark und Bein!

Ron Gionnet, der Pilot, fliegt seit 15 Jahren für die Coast-Guard in der Arktis, er ist sozusagen mit jeder Eisscholle, mit jedem Seehund per du.

„Das Schlimmste", meint Gionnet, „was bei der Fliegerei im Norden passieren kann, ist plötzlich einsetzender Schneeregen; dann ist es mit der Sicht vorbei, und du kurvst ziemlich verloren durch die Landschaft."

Über den Horizont tasten die kalten Strahlen der Mitternachtssonne. Unsere Augen suchen eine Durchfahrt für das Schiff. Hier? Dort? Vielleicht jenseits der Eisbergkolonie?

Der Hubschrauber steigt zum Erkundungsflug auf

Nach intensiver Suchaktion geben wir auf – die *Radisson* muß durch das beinharte Eis ... Werden wir es schaffen?

Wir drehen ab, fliegen zurück und landen auf Deck. Der Pilot unterrichtet den Kapitän über die Lage.

„Okay, let's go!" Mit herabgesetzter Geschwindigkeit führt Pelland das Schiff an die Eismauer heran: der Aufprall soll soweit wie möglich gedämpft werden, um Schäden am Bug zu vermeiden, der mit drei Zentimeter dickem, gezogenem Stahl verstärkt ist.

Noch 5 Meter, 3 Meter – erster Kontakt mit dem Eis!

Ein Beben erfaßt das ganze Schiff. Pelland gibt über den Maschinentelegraphen volle Fahrt voraus. 13 600 PS treiben die *Radisson* gegen das Eis. Und jetzt, bei diesem Manöver, begreife ich erst, wie der Eisbrecher arbeitet: der Eisbrecher durchschneidet nicht, sondern – sein Name sagt es – bricht das Eis oder versucht dies zumindest. Das Vorderschiff schiebt sich mit dem stufenförmig gewölbten Kiel über die Eisdecke, auf der nun ein Druck von vier- bis fünftausend Tonnen lastet. Es scheint, als glitten wir über Land. Im Unterbewußtsein höre ich bereits das Bersten des Eises. Aber es passiert nichts.

Die Natur ist stärker. Die *Radisson* sitzt fest. Was jetzt? „Don't worry" – „Kein Grund zur Aufregung", meint Pelland und legt den „Rückwärtsgang" ein. Wieder durchpulst ein Zittern und grollendes Beben den Rumpf. Die *Radisson* löst sich aus der Umklammerung und gleitet zurück ins Meer.

Von der Brücke aus verfolgen wir, wie sich die Eisstücke, als wären sie magnetisch, sofort wieder zusammenfinden. Die Erklärung hierfür ist einfach: Durch den Eisbrecher wurde der stabile Gleichgewichtszustand der Eisdecke zerstört. Nachdem das Schiff vorbei ist, streben die Eisstücke danach, ihre frühere Lage wieder einzunehmen.

Der Hubschrauber mit dem Kamerateam ist wieder im Einsatz. Unmittelbar vor dem Schiffsbug schwebt die Maschine in vierzig, fünfzig Meter Höhe. Auf ein Zeichen des Kameramanns gibt Pelland den Befehl zum weiteren Anlauf. Wieder bäumt sich das Schiff gegen das Eis, die Maschinen dröhnen, Pelland geht diesmal aufs Ganze – und schafft es. Der Eispanzer zerbricht, eine Rinne öffnet sich, dunkles, abgrundtiefes Meerwasser wird sichtbar. Wir gewinnen freie Fahrt auf hundert, zweihundert Meter. Kameramann Charly Niederecher ist zufrieden – wir haben fabelhafte Einstellungen im

Nur im August ist eine Passage durch das Eis bis Eureka am 80. Breitengrad möglich

Kasten! Aber für Kapitän Pelland ist die Schlacht noch längst nicht gewonnen. In regelmäßigen Abständen zwingt uns das Eis zu schwierigen Manövern; der Rhythmus „volle Kraft voraus – zurück – vorwärts" geht uns allmählich in Fleisch und Blut über.

Mit Kapitän Pelland führe ich vor der Kamera ein Gespräch über seine Technik im Eis. Pelland: „Nun, zunächst einmal benötigt man vor allem eine gute Portion Geduld, erst dann kommt die Technik. Wie gesagt, Geduld ist ausschlaggebend, denn das Eis ist kompakt, solide wie Zement. Schließlich fahren Sie in den hohen Norden hinauf, und von dort wollen Sie ja wieder zurückkommen. Also müssen Sie mit größter Sorgfalt, das heißt mit viel Geduld, ans Werk gehen. Natürlich müssen

Sie auch genau die richtige Geschwindigkeit wählen, und die hängt von der Leistung des Schiffs ab. Aber speziell in den ersten Tagen ist es gut, auf mäßige Geschwindigkeit zu achten, denn man sollte seine Augen zunächst mit den diversen Erscheinungsformen von ein- und mehrjährigem Eis vertraut machen. Wenn Sie vom Süden kommen, kann dieses Augentraining, wie ich es bezeichne, Schwierigkeiten bereiten; es kann sich sogar über einen ganzen Tag hinziehen. Um es nochmals klarzustellen: Eine präzise Bestimmung der Eisverhältnisse, eine der jeweiligen Situation entsprechende Geschwindigkeit und, wie gesagt, Geduld, das sind die wichtigsten Voraussetzungen für die Navigation im Eis."

Mit einem Stundenmittel von fünf bis sechs Knoten arbeiten wir uns voran. Der Tanker folgt im Abstand von ein- bis zweihundert Metern. Am Kapitän des Tankers liegt es jetzt, den Anschluß nicht zu verpassen; andernfalls könnte er im Handumdrehen im Eis festsitzen, denn die Fahrrinne schließt sich, wie bereits erwähnt, innerhalb kürzester Zeit. Natürlich ist laut Pelland im Konvoi mit mehreren Schiffen höchste Aufmerksamkeit geboten, um bei einem plötzlichen Anhalten des Eisbrechers Zusammenstöße zu vermeiden.

Vierter Tag. In den Morgenstunden schlüpfen wir durch die Meerenge von „Hell's Gate" – fürwahr ein Höllentor mit dem unheimlich-düsteren Glanz seiner Felsen – hinein in die Norwegian-Bay. Wir waren bereits gewarnt: Packeis, so weit das Auge reicht. Auch der Erkundungsflug des Hubschraubers bringt keine günstigen Nachrichten. Unsere Ankunft in Eureka könnte sich dadurch um einen halben oder einen ganzen Tag verzögern. „Aber ein paar Stunden mehr oder weniger", bemerkt der Kapitän, „darauf kommt es hier nicht an. Entscheidend ist, daß du überhaupt ankommst. Ja, vor drei Jahren war es, da blieb ich einundzwanzig Tage im Packeis vor Point Barrow stecken; wir hatten keine Chance."

Pelland wendet sich an den Eisbeobachter: „Wie steht es mit den Schollen?"

„Mittelgroß bis groß."

„Wenn ich mich nicht täusche, hatten wir Wind aus West."

„Ja, für drei oder vier Tage."

„Was halten Sie davon, an der Ostküste hinaufzufahren?"

„Wahrscheinlich die günstigste Route, bis wir dort eintreffen – falls sie eisfrei sein sollte."

Stunde um Stunde attackiert die *Radisson* das Eis. Schollen krachen gegen den Rumpf, schieben sich vor dem Bug übereinander, ein Gestakel und Geblock, das so aussieht, als sei die Welt hier noch nicht ganz fertig geworden.

Dann geschieht etwas Unerwartetes: Das Eis beginnt auf einmal zu rumoren und zu arbeiten. Gläserne Schichten überlagern sich, bilden bizarre Wälle und Wände, Schründe mit eisblauen Schatten öffnen sich. Alles kommt in Fluß, gerät in Bewegung, ein weißes Inferno wird geboren. Gegen den – durch Meeresströmungen und starke Winde erzeugten – Druck der Eismassen steht selbst die *Radisson* mit ihren 13 600 PS auf verlorenem Posten. Nichts geht mehr. Das Schiff bewegt sich keinen Zentimeter. Das Eis hält uns umklammert.

Es wird zwei Uhr nachmittags, drei Uhr, vier Uhr. Es könnte ja sein, meint ganz beiläufig einer der Offiziere, daß uns das Eis an die Küste drückt. Wie meinte Kapitän Pelland? Geduld, das Stichwort für die Arktis... Ob sich das auch die Arktis-Forscher aus der Pionierzeit sagten? Ihre Segelschiffe wurden in Situationen wie dieser vom Eis buchstäblich zu Kleinholz gemacht.

In derselben Zwangslage befanden sich im Herbst 1983 etwa achtzig sowjetische Frachter und Tanker. Eine Nachrichtenagentur meldete am 16. Oktober: „Moskau. Mit Hilfe von Eisbrechern und günstigen Winden ist es sowjetischen Presseberichten zufolge vier von vermutlich achtzig Schiffen gelungen, aus dem sibirischen Packeis zu entkommen. Die amtliche Nachrichtenagentur TASS berichtete jedoch am Wochenende, der größte Teil des Konvois sitze weiter in der unnachgiebigen Eisfalle in der Tschuktschensee nahe der Beringstraße fest. Nachdem ein Frachter bereits zerdrückt worden war, rissen die Eisschollen auch Löcher in den Rumpf der *Kolja Mjagotin*, doch gelang es der Mannschaft die Lecks abzudichten." Einige Tage später berichtete die Agentur Reuter: „Die Sowjets haben nun auch das letzte der im sibirischen Packeis eingeschlossenen Schiffe befreit. Der Tanker *Igrim*, der vor der Halbinsel Yakan feststeckte, konnte freikommen. Die Rettungsaktion hatte vor drei Wochen eingesetzt. Insgesamt achtzig Schiffe waren von einem Wetterumschwung überrascht worden, der die Anfang Oktober noch offenen Schiffahrtswege durch Packeis versperrte. Das Handelsschiff *Nina Sagaidak* sank, dreißig andere Schiffe wurden schwer beschädigt. Atomgetriebene Eisbrecher mußten eingesetzt werden, um für mehrere Konvois den Weg frei zu machen. Die Eisbrecher wurden schließlich in Dreiergruppen eingesetzt, weil sie einzeln fahrend selbst in Schwierigkeiten geraten waren."

Ich spekuliere bereits auf eine dramatische Rettungsaktion – aber nichts dergleichen. So plötzlich, wie sie gekommen war, läßt die Spannung im Eis nach – wir sind frei, volle Kraft voraus!

Einfahrt in den Eureka-Sound, in den Kanal von Eureka. Position 77°09'. Ab dieser Marke geht es in dem von Ellesmere- und Axel-Heiberg-Island begrenzten Meereskanal schnurgerade nach Norden. Bis Eureka sind es noch 320 Kilometer.

Kapitän Pelland steht seit 28 Stunden ununterbrochen auf der Brücke. Jetzt, in dem eisfreien Kanal, gönnt er sich die erste Ruhepause. Ein Mann, der sich dem freien Leben in dieser rauhen Welt verschrieben hat, mittlerweile über fünfzig, doch tauschen möchte er mit keinem anderen Job. Seine Devise: „The arctic, the ice, the ship – this is my life, and I love it." – „Die Arktis, das Eis, das Schiff – das ist mein Leben, genau das mag ich!"

Fünfter Tag. 22. August, 11 Uhr. Position 80 Grad Nord. Wir sind am Ziel. Eureka liegt vor uns. Es besteht im wesentlichen aus zehn, zwölf Wellblechbaracken, ein paar Öltanks, und einer Runway. Ein Platz zwischen Packeis, Meer und Bergen. Zum Nordpol ist es ein Katzensprung: 1100 Kilometer. Nach Toronto hingegen sind es 4000 Kilometer. Diese Entfernung entspricht der Strecke von Toronto nach Venezuela.

„Welcome on top of the world" – „Willkommen am Dach der Welt!" Dennis, der Stationsleiter, führt uns in sein Büro.

„Well, in erster Linie handelt es sich hier um eine meteorologische Station", erklärt er. „Wir beobachten das Bodenwetter und messen mit Radiosonden in verschiedenen Höhenlagen die Windgeschwindigkeiten, Temperaturen, Luftdruck und relative Feuchte."

Und wie man in Eureka so über die Runden komme, frage ich.

„Na ja, wir überleben", bemerkt der Stationsleiter. „Es gibt hier viel zu tun; es ist eine interessante Gegend zum Wandern und zum Bergsteigen. Aber wir wollen uns nichts vormachen – nach sechs Monaten am 80. Breitengrad schielst du nur noch in eine Richtung, und die geht kerzengerade nach Süden!"

Den größten Streß, sagt Dennis, erzeuge der Übergang vom Tageslicht in die Polarnacht im Oktober – ein halbes Jahr ständige Dunkelheit. Dazu komme das Klima, ständig dieselben Gesichter; auch an das Abgeschnittensein von der vertrauten Umgebung müsse man sich erst gewöhnen. An diesem Tag spielt sich in Eureka, wie man scherzhaft bemerkt, eine „mittlere Invasion" ab. Die Frachtmaschine von Resolute ist angekündigt, zwei Schiffe im Hafen, drei Herkules-C-130-Transporter der Air-Force landen innerhalb von Minuten. Dabei dachten wir, wir wären seit Monaten die ersten Besucher.

Eureka ist ganzjährig mit acht Mann besetzt. Mit von der Partie sind zwei Frauen, ein Kater und ein Koch aus Wien. Die Aufwendungen zum Betrieb der Station belaufen sich auf 3000 Dollar pro Tag. Neben der Sammlung meteorologischer Daten dient Eureka als Leitstelle für Flugzeuge der amerikanischen und kanadischen Luftwaffe, deren Maschinen im Raum von Resolute, Thule, Alert und Eureka im Einsatz sind.

Der Pilot einer C-130 stürzt in das Büro des Stationschefs, überprüft die Wetterlage für Alert und Thule. Ob er mich bis Alert am 83. Breitengrad mitnehmen würde? – „Sorry, Alert ist militärisches Sperrgebiet." Ein Horchposten, erfahren wir später, dessen Frequenzen weit in russisches Gebiet reichen.

„Moment mal, das ist unsere Wellenlänge." Dennis schiebt mir einen Kopfhörer zu. Die Stimme aus 10 000 Meter Höhe ist klar und deutlich: „Eureka, Eureka-Station, this is British Airways Flight zero-five. How was your golf-game today?" – „Hier British Airways Flug null-fünf. Wie war's beim Golfen heute?"

Dennis hat die richtige Antwort parat: „Great! Just hit a polarbear on the eighteenth hole." – „Ausgezeichnet! Habe gerade am 18. Loch einen Eisbären erwischt."

Das Thermometer der Wetterstation zeigt etliche Grade unter Null. Die *Saule* erschien mit dem für Eureka bestimmten Heizöl keinen Augenblick zu früh, denn die Vorräte neigten sich dem Ende zu. Über eine Pipeline wird das Öl in die Tanks gepumpt.

Wir sind gerade bei Dreharbeiten in der Station, als uns die schlimme Nachricht erreicht: Ein Leck im Bug des Tankers *Saule Numero Un*! Wir eilen sofort zum Strand. Taucher der *Radisson* untersuchen bereits das offensichtlich von einer Scholle stammende Leck. Na denn, viel Vergnügen bei diesen Wassertemperaturen, sage ich mir.

Eine schöne Geschichte! Kapitän und Offiziere beraten die

Lage; jedoch liegt die Entscheidung über Reparatur des Lecks oder Weiterfahrt bei der Coast-Guard-Zentrale in Ottawa, die über Funk verständigt wurde. Wie sich anschließend herausstellt, werden wir am folgenden Tag Eureka verlassen, um die *Saule* nach Nanisivik zur Reparatur zurückzugeleiten.

Für den verlängerten Aufenthalt bekommen wir in Eureka einen guten Tip: Axel-Heiberg-Island. Wir zögern nicht lange, nehmen den Hubschrauber und fliegen los. Axel Heiberg ist eine Insel von 43 000 Quadratkilometern, wie Devon Island und viele andere Inseln im arktischen Archipel unbewohnt und teils vergletschert, an der Westküste vom Arktischen Ozean und seinem Polareis gesäumt.

Dem Norweger Otto Sverdrup gebührt der Ruhm, diese entlegene Insel im Jahr 1899 entdeckt zu haben. Er erforschte große Teile von Axel Heiberg und benachbarter Inseln in der Annahme, daß sein Heimatland diese Region anschließend als norwegisches Staatsgebiet deklarieren würde. Aber die Norweger zögerten, ließen sich von den bislang in der Arktis untätigen Kanadiern austricksen. Ottawa schickte ein Hundeschlittengespann mit einem Sergeanten und einem Korporal. Ein Polizeiposten wurde errichtet, der von dem Gebiet Besitz ergriff. Damit war die Angelegenheit für Kanada erledigt. Sverdrup mußte sich mit einer Entschädigung von 67 000 Dollar zufriedengeben, die ihm von den Kanadiern überwiesen wurde.

Anflug auf Axel Heiberg. Schon von weitem erkennen wir die Tiere, eine Herde von zwölf, fünfzehn Moschusochsen!

Wir landen in einiger Entfernung und pirschen uns heran.

Wie Denkmäler aus der Urzeit, so stehen sie mit ihrem zottigen, bis auf den Boden reichenden Fell vor uns. Bullig, mächtig, massiv. Aber der Eindruck täuscht. Als wären sie von einer unsichtbaren Meute gehetzt, so stürmen sie plötzlich bergan; flink und sicher bewegen sich die Tiere auf dem Geröll.

Karibus ziehen äsend über einen Bergrücken. Hier im Norden haben sie wenig zu befürchten. Weiter im Süden wurde ihr Bestand von Walfängern, Trappern, Eskimos so gründlich dezimiert, daß von vier großen Karibuherden nur noch zwei existieren...

Wir gehen in Deckung. Zwei Moschusbullen nehmen ihre Positionen für eine Auseinandersetzung um die Vorherrschaft im Rudel ein. Mit gesenkten Hörnern nehmen sie Maß, stürmen los. Ihre Schädel krachen dumpf aufeinander. Sekunden verstreichen, nichts geschieht! Keiner wankt – sie rüsten sich zur nächsten Runde! Es folgt ein drittes und ein viertes Duell. Erst dann räumen sie das Feld – ob mit brummendem Schädel, wer weiß es?

Die Arktis: eine Welt, still; einsam und eiserstarrt. Und doch faszinierend. Der Gang durch die Täler und Schotterebenen von Axel-Heiberg-Island erweckt das Gefühl des Losgelöstseins von der übrigen Welt; Nebelschwaden ziehen durch das Tal, Lichtspiele umfangen uns. Der Polarforscher Sir James Ross sprach vor 140 Jahren von den Inseln der Arktis als „Gefilde der Einöde, des Schweigens und des Todes." Aber schon ein Sonnenstrahl genügt, um die Arktis in ein Land von grandioser Schönheit zu verwandeln.

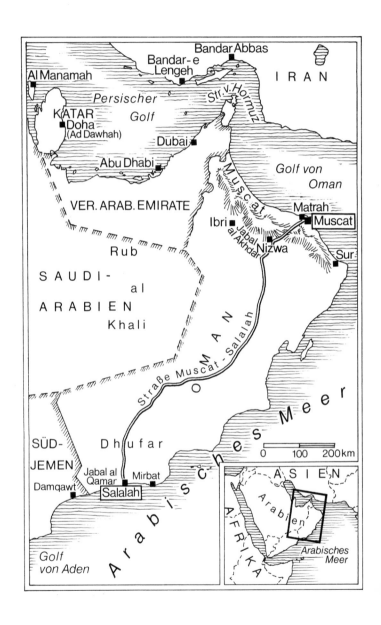

Oman – Beduinen zwischen Öl und Wüste

Die Felsen der Musandam-Halbinsel ragen wie Pfeiler einer Kathedrale aus dem Meer, kahl, von der Sonne ausgelaugt – eine herbe, in ihrer Abgeschiedenheit fast bedrohlich wirkende Landschaft. Das Patrouillenboot der omanischen Marine hat den Stützpunkt Ras Musandam verlassen und nimmt Kurs auf die Straße von Hormuz, dem Zugang zum Persischen Golf. Am Horizont sind mehrere Tanker auszumachen, die aus dem Golf auf die Meerenge zusteuern. „Vor dem Krieg zwischen Iran und Irak registrierten wir hier etwa achtzig Tanker pro Tag", erläutert Leutnant zur See Nasser Abdullah, „inzwischen sind es nur noch fünfzig bis sechzig." Dennoch geht 1984 noch immer die Hälfte des von Westeuropa, Japan und den USA importierten Rohöls durch die Straße von Hormuz, pro Stunde 750 000 Barrel oder 120 Millionen Liter Öl.

Leutnant Abdullah ist seit neun Jahren bei der Marine; in der Straße von Hormuz ist er sozusagen mit jeder Welle vertraut. „Nein, mit den Persern gab es trotz der gespannten Lage bislang keine Schwierigkeiten", meint er auf eine entsprechende Frage. „Wir sichten zwar manchmal ihre Fregatten, aber wir bleiben auf unserer und die auf der anderen Seite."

Auf dem Patrouillenboot herrscht eiserne Disziplin – die

omanische Crew steht unter englischem Drill. Auf die Frage nach der Bewaffnung des Schiffs erhalte ich von den Matrosen keine Antwort. Erst ein Australier, der kommandierende Offizier der Marinebasis von Hormuz, gibt eine knappe Auskunft: 76-mm-Kanonen, 1400 m Reichweite. Zwei der fünf Boote sind mit den vom Falklandkrieg inzwischen bekannten Exocet-Raketen ausgerüstet. Der Australier ist der Prototyp des „Tough Guy", des professionellen Söldners: markante Gesichtszüge, kompromißlos, Pistole im Halfter, Name und Dienstgrad hält er aus Sicherheitsgründen zurück.

Wichtigste Aufgabe der Patrouillenboote ist die Sicherung des internationalen Schiffsverkehrs durch die Straße von Hormuz. Die Boote befinden sich rund um die Uhr im Einsatz. Außerdem, bemerkt der Australier, hat er den Auftrag, illegale Einwanderer von Pakistan und Indien abzufangen sowie den Schmuggel von Waffen, Gold und Nahrungsmitteln in den Iran zu unterbinden.

Wieder erscheint ein Supertanker auf der Bildfläche. Leutnant Abdullah überprüft auf dem Radarschirm seinen Kurs. „Etwa fünf Prozent der vorbeifahrenden Schiffe", meint der Offizier, „versuchen von der vorgeschriebenen Route abzuweichen, um auf einem kürzeren Weg die Straße von Hormuz zu passieren. Damit verstoßen sie gegen internationale Vereinbarungen und verletzen unsere Hoheitsrechte." An der schmalsten Stelle der Meerenge beträgt die Entfernung zur iranischen Küste 40 Kilometer, die Route der Tanker liegt innerhalb omanischer Gewässer. Für eine Blockade, von der in letzter Zeit von seiten der Perser immer wieder gesprochen

Ein Hubschrauber der omanischen Luftwaffe bringt uns zur Marinebasis an der Straße von Hormuz

wird, kommt nur eine Verminung der Wasserstraße in Betracht. Einen Tanker zu versenken, so der omanische Offizier, wäre sinnlos – das Meer ist hier zu tief.

Mit der Straße von Hormuz fällt dem Oman eine strategisch entscheidende Rolle zu, besonders nach der Revolution im Iran und dem Einmarsch der Russen in Afghanistan. Aber noch immer ranken sich Legenden um Oman – ein Land, das sich der Außenwelt gegenüber sorgfältig abschirmt und seine Grenzen nur einen Spaltbreit geöffnet hat.

Ein Normaltourist, der Land und Leute kennenlernen will, hat keine Chance; Einreisegenehmigungen werden ausschließlich Geschäftsleuten, Technikern, Journalisten, Firmen- und Regierungsberatern gewährt, aber auch für diesen Personen-

Patrouillenboote der Marine des Sultans

kreis ist ein omanischer Sponsor, ein Gewährsmann, erforderlich. Um so überraschter war ich, daß man nach den Einreisekontrollen keinerlei Beschränkungen mehr unterliegt und ungehindert durch das Land reisen kann.

Oman: ein Land voller Widersprüche und arabischer Rätsel. Vorangetrieben durch die Ibadhi-Sekte, griff der Islam noch zu Mohammeds Zeiten auf den Oman über. Das war im 7. Jahrhundert. Und da sich Gläubigkeit und Geschäftssinn offenbar nicht im Wege standen, zimmerten sich die Imame aus Oman ein Handelsreich zusammen. Nur die Portugiesen, die Maskat am Indischen Ozean zu einem wichtigen Stützpunkt ausbauten und sich dort bis 1650 hielten, vereitelten einen weiteren

Machtzuwachs. Besonders unter Sayid bin Sultan blühte das Land auf: 1840 schickte der Fürst ein mit Geschenken gefülltes Segelschiff in die Vereinigten Staaten, und in Washington eröffnete Oman als erstes arabisches Land eine diplomatische Vertretung. Aber Glanz und Ruhm währten nicht ewig. Der Suezkanal, die neuen Dampfboote und Aufstände der Ibadhi-Sekte untergruben gegen Ende des vergangenen Jahrhunderts schließlich die Macht der Regierenden; das Land riegelte sich ab.

Noch 1970 waren auf Anordnung von Sultan Said bin Taimur Sonnenbrillen, Fahrräder und Rauchen in der Öffentlichkeit verboten; vor die Motorhaube seines Wagens spannte der Despot kurzerhand Sklaven, und die Einkünfte aus den Mitte der sechziger Jahre erschlossenen Ölquellen verschwanden in der Privatschatulle des Sultans.

Erst mit Qaboos, dem Sohn von Said bin Taimur, kam die Wende. Qaboos, in England erzogen und in Deutschland bei der Rheinarmee stationiert, holte seinen Vater 1970 in einem unblutigen Staatsstreich vom Thron und schickte ihn ins Exil nach London. Mit Hilfe der Engländer und des damals noch regierenden Schahs von Persien zerschlug er die kommunistisch geschürte Rebellion in der Südprovinz Dhufar, schuf mit Straßen, Schulen, Spitälern eine neuzeitliche Infrastruktur – und kaufte seiner Mutter ein Haus bei Garmisch. Heute ist das Porträt von Qaboos, von „Super Q", wie ihn die Engländer nennen, an jeder Straßenecke angebracht. Durch seine Reformen hat sich der Sultan bei der Bevölkerung schnell beliebt gemacht.

Eine Artilleriestellung an der Straße von Hormuz

Mit einer Tristar der Gulf-Air flog ich über London in acht Stunden in das Land des Sultans. Auf was ich bei der Ankunft nicht gefaßt war: Autoschlangen statt Kamelkarawanen auf dem Weg in die Hauptstadt Muskat. Vom Flughafen Seeb, der auch von europäischen Airlines wie British Airways und KLM angeflogen wird, führt eine vierspurige Autobahn nach Muskat. Entlang der Straße reihen sich die Niederlassungen von Importfirmen, dazwischen brandneue Regierungspaläste, Ministerien, Wohnblocks, Tankstellen; am Straßenrand balancieren verschleierte Frauen ihre Krüge zu einer Wasserstelle.
„In den Jahren vor 1970", meint der Taxichauffeur, „gab es im Oman ein Straßennetz von zehn Kilometern, jetzt haben wir

Im Basar von Al Rusta

fast viertausend Kilometer Straßen, die alle wichtigen Städte des Landes verbinden." Stoßverkehr gehört im Bezirk von Muskat längst zum gewohnten Straßenbild. Zwischen den Autokolonnen – hauptsächlich japanische Produkte und Limousinen aus Stuttgart – sehe ich einen Omani in seiner landesüblichen Kleidung, einem weiten, bis zum Boden fließenden Gewand – Dishdasha –, offenbar etwas irritiert, aber nicht ohne Würde und Eleganz.

Muskat war bis zum 15. Jahrhundert Mittelpunkt der omanischen Seeherrschaft. Die Omani segelten bis Dschibuti, sie kontrollierten den (Sklaven-)Handel mit Ost-Afrika, unterwarfen Sansibar und trieben Handel mit China. Die Stadt, bewacht von zwei portugiesischen Forts aus dem 16. Jahrhundert, schmiegt sich in eine Nische zwischen Meer und Fels. In der erhitzten Luft gleißend weiß flirrende Dächer, dunkles, nacktes Vulkangestein, darüber ein tiefblauer Himmel. Läden, Menschen, Moscheen, der Palast des Sultans, der Basar, bunt, bilderbuchorientalisch, immer noch rätselhaft. Wie verzaubert gehe ich von einer Straße in die andere und wundere mich nicht einmal, als man mir erzählt, daß noch vor wenigen Jahren die Stadttore über Nacht geschlossen wurden.

Omanische Frauen verhüllen in der Regel ihr Gesicht, wenn sie der Blick eines Fremden trifft, aber im Distrikt von Muskat-Muttrah dirigieren Politessen den Verkehr.

Muttrah, einst elendes Piratennest, ist heute eine Vorstadt von Muskat: auf den Ölboom folgte die Bauexplosion, mit Schnellstraßen, Supermärkten, Bürohäusern, Kinos, Läden. Im Hafen liegen Frachter aus Singapur und Tokio. Ein paar hundert Meter weiter hocken Fischer am Strand beim Kartenspiel. Die Boote sind an Land gezogen; an diesem Nachmittag gibt es wenig zu tun. Und hoch über den Menschen blickt ein mittelalterlicher Wachtturm in stummer Verwunderung auf den Betrieb, der sich zu seinen Füßen abspielt. In der Umgebung von Muttrah gibt es auch mehrere Hotels, darunter ein, zwei Häuser, die internationalen Ansprüchen genügen. Die Preise haben ebenfalls internationales, besser gesagt arabisches Niveau: Die Übernachtung in meinem Interconti-Hotel kostet 400 Mark, ein Hamburger 25 Mark, die Dose Bier 9 Mark. Im Gegensatz zu Saudiarabien oder Kuwait besteht kein Alkoholverbot, und die Omanis an der Bar wissen das zum Mißfallen

Fischer am Golf von Oman

der Imame zu schätzen. Mit meinem Nachbarn an der Theke, einem Industriemanager aus Köln, komme ich auf die Entwicklung des Landes zu sprechen. „Rasant, aber den Realitäten angepaßt", meint der Kölner. „Vielleicht etwas weniger stürmisch als in anderen arabischen Ländern. Von der Bevölkerung wird das auch besser verkraftet. Die Leute werden nicht überfordert." Mein Gesprächspartner bestellt die nächste Runde; er hat allen Grund dazu: Der Vertrag mit seinen omanischen Partnern über 25 Millionen Mark ist unter Dach und Fach. „O ja, wir kommen mit den Omanis gut zurecht", sagt er. „Das sind tüchtige Geschäftsleute, und ich habe den

Eindruck, das sind ehrliche Leute. Wir haben dieses Jahr im Oman gute Geschäfte gemacht." Firmen wie Siemens, Hoch-Tief, Strabag, Krupp, Klöckner-Humbold-Deutz sind hier längst zu einem Begriff geworden.

Nach Rundfunkinterviews mit dem deutschen Botschafter und dem Informationsminister, einem Scheich mit Dolch in der maßgeschneiderten Dishdasha, breche ich mit meinem omanischen Begleiter zu einer Fahrt ins Landesinnere auf, das von Wüsten, Wadis, Geröllplateaus und von Gebirgszügen bestimmt wird, die bis zu 3000 Meter hoch sind. Zu unserem Ziel, der Stadt Nizwa, kommen wir auf einer 160 Kilometer langen, von einer deutschen Firma gebauten Straße. Sie führt am Jabal al Akhdar vorbei, der beherrschend im Raum steht –

Begegnung in der Wüste

ein erregendes Bergland. Kühne, wilde Berge mit Türmen, Tälern, Riffen und Rissen, gelbbraun getönt; ein Bild karger Öde, nur manchmal von Palmenhainen und Obstbäumen unterbrochen.

Parallel zur Straße verläuft eine Pipeline, die das Erdöl zu den Tanks und Verladeterminals von Muttrah bringt. Die Pipeline: Lebensader von Oman. Zwar ist die Ölproduktion mit 400 000 Barrel pro Tag nicht besonders hoch, sie entspricht etwa einem Zwanzigstel der Fördermenge von Saudiarabien, aber mit den vier Milliarden Dollar, die das Öl jährlich bringt, läßt es sich leben, selbst wenn fünfundzwanzig Prozent der Einnahmen aus dem Erdöl auf dessen Produktionskosten entfallen. Fünfundneunzig Prozent der Staatseinkünfte stützen sich auf den Ölexport. Allerdings werden im Jahr 2030 die auf drei Milliarden Barrel geschätzten Reserven (Saudiarabien: 150 bis 200 Milliarden) erschöpft sein. Was dann? Auf diese Frage gibt es in Muskat noch keine schlüssige Antwort. Man versucht zu diversifizieren – Erzabbau (Kupfer), Fischerei, Landwirtschaft –, aber die Möglichkeiten sind begrenzt. Um so hektischer die Suche nach neuen Ölquellen – derzeit sind im ganzen Land fünfzehn Bohrstationen im Einsatz. Die Ölsuche ist intensiver als während der gesamten letzten zehn Jahre.

Zurück zu unserer Straße. Nach zwei Stunden erreichen wir Nizwa. Über der Stadt und ihrer staubigen Hitze erheben sich die Konturen einer fabelhaften Burg aus dem 16. Jahrhundert. Massive Mauern betonen die steile Würde dieses Bauwerks – eine Burg, wie es sich nur eine so selbstbewußte Stadt leisten konnte. Jede Stadt, jedes Dorf im Oman hat seine Befestigungsanlage, und wenn es nur ein schiefer, verkümmerter Wachtturm ist. Selbst die Häuser gleichen Zitadellen.

Zwischen 1957 und 1959 war Nizwa und seine Burg Keimzelle eines Aufstandes gegen den Sultan. Britische Jagdflugzeuge brachen schließlich den Widerstand. Aber nach wie vor ist die Stadt ein Hort für konservative muselmanische Patriarchen, die dem neuen Gedankengut aus Muskat zum Teil noch immer mit Mißtrauen begegnen.

Der Basar zu Füßen der Burg führt mich in eine andere Welt, ein arabisches Märchen aus „Tausendundeiner Nacht". Bärtige, in Turban und Dishdasha gehüllte Männer führen das Wort, handeln, feilschen, tauschen, den Wert eines Silberreifs taxierend. Die Silberschmiede von Nizwa sind ein Markenzeichen für das Land. Die omanische Frau investiert ein Vermögen in ihren Schmuck. „Her personal bank account" – „Ihr persönliches Bankkonto", meint dazu ein englischsprechender Juwelier im Basar. Martialische Gestalten huschen mit geschulterten Flinten durch die Ladengassen, und jeder, der etwas auf sich hält, trägt einen Khanjar, einen silberverzierten Krummdolch, in der Gürtelscheide. Der Engländer schwört auf Schirm und Melone, der omanische Gentleman auf seinen Khanjar. Im Basar werden die Dolche für umgerechnet 1500 bis 6000 Mark gehandelt.

Im Gewirr der Stimmen macht ein Verkäufer von Wasserrechten auf sich aufmerksam. Jedermann, der ein Stück Feld bestellt, muß mit barer Münze die für einen bestimmten Zeitraum gewährten Wasseranteile erwerben. Ein ausgeklügeltes, jahrtausendealtes Bewässerungssystem (falaj) schleust

Im Basar von Nizwa

das kostbare Naß von unterirdischen, in den Bergen des Jabal al Akhdar gelegenen Quellen über Gräben, Kanäle und Aquädukte in die Ebenen. Das „falaj" befindet sich im Besitz der Dorfgemeinschaft. Ein Wassermanager (aref) führt die Bücher mit den Namen der Bezugsberechtigten, deren Rechte sich teils ins 9. Jahrhundert zurückverfolgen lassen. Nicht das Öl, sondern das „falaj" bestimmt den Gang der Dinge auf dem Land, wo es Brauch ist, sich zum Gruß nach dem Zustand des „falaj" zu erkundigen, um dann als Dank ein „Inshallah, so Gott will, ist es gefüllt" entgegenzunehmen.

Von Nizwa klettern wir im Landrover die Piste am Jabal al

Akhdar hinauf. Unterwegs gabeln wir einen Mitfahrer auf, eine sagenhafte Figur im himmelblauen Dishdasha mit Flinte und Patronengurt. Im Zeitlupentempo nähern wir uns Misfah. Kühn wie ein Adlerhorst kleben die Häuser von Misfah an den Felsen des Jabal al Akhdar. In Gedanken sieht man das Ganze bereits in die Tiefe purzeln – und doch leben hier seit tausend Jahren Menschen. In dieser strengen Bergwelt und ihrer Abgeschiedenheit würde man zunächst kaum ein menschliches Lebewesen vermuten. Auf engstem Raum schachteln sich hier die Häuser an-, über- und ineinander, durch Treppen wie Himmelsleitern verbunden. Gemäuer und Fels sind eins, fast ohne Übergang. Der Berg ist in den Rhythmus des Dorfgeschehens einbezogen, abweisend schroff, schön und urtümlich. Aber auch an Misfah ist die Zeit nicht spurlos vorübergegangen.

Auf den Flachdächern schimmern Fernsehantennen, und der Imam ruft über Lautsprecher zum Gebet. Die Leute von Misfah verhalten sich mir gegenüber freundlich, vielleicht etwas distanziert, aber es scheint, als hätten sie sich an die paar Fremden, die es gelegentlich hierher verschlägt, bereits gewöhnt. Der Omani, heißt es in Arabien, hat seinen Stolz, aber er ist im Gegensatz zu den Saudis frei von jeglicher Arroganz.

Der Gang durch die schweigenden Gassen von Misfah öffnet immer wieder hinreißende Ausblicke: Da liegen die Höhenzüge des Jabal al Akhdar hintereinandergestaffelt, und dann wieder das Grün der terrassenförmig angelegten Palmenplantagen mit dem silbernen Band eines „falaj". In diesen Dörfern,

Misfah im Jabal al Akhdar

deren Bewohner nach eigenen Gesetzen und Traditionen leben, bestätigt sich die in Maskat vertretene Politik: Für Tourismus, für großes Sightseeing ist hier kein Platz. Ein ferner Lebensraum, zu fern für soviel Fremdes.

Im Baal-Tempel von Babylon wurden, so berichtet der Geschichtsschreiber Herodot, jährlich rund zweieinhalb Tonnen Weihrauch verbrannt. Ursprungsland des Duftstoffs war das heutige Dhofar, die Südprovinz des Oman. Plinius beschrieb seine dort lebenden Zeitgenossen denn auch als „sagenhaft reich". Aber vielleicht hatte er Dhufar mit dem benachbarten Jemen verwechselt, das die Römer als „Arabia Felix" in ihre Karten eintrugen.

Der Anschluß von Dhofar an den Oman erfolgte erst vor hundert Jahren. Und für die Sultane von Maskat war es nur eine Zeitfrage, die Provinzhauptstadt Salalah wegen ihres gemäßigten Klimas als Sommerresidenz zu wählen, denn früher war der Weg über Land lang und beschwerlich: zwei Wochen im Kamelsattel.

Heute startet mehrmals wöchentlich von Maskat-Seeb eine Boeing 737 der Gulf-Air zum Flug nach Salalah. Noch vor einigen Jahren war das wegen der Kämpfe im Grenzgebiet zum Südjemen ein nicht ganz ungefährlicher Flug; damals gaben britische Jagdflugzeuge der Boeing Geleitschutz. Die Sicherheitskontrollen für die Salalah-Flüge sind nach wie vor unerbittlich. Flinten und Krummdolche der Passagiere werden von Polizeibeamten für die Dauer des Flugs kassiert; das geht hart an die Grenze der Toleranz, denn ein seines Dolches „entblößter" Omani fühlt sich so, als habe er seine Mannesehre bei der Gepäckannahme abgeben müssen.

Ich entscheide mich für den Landweg nach Salalah. Zwar nicht hoch im Sattel eines Kamels, sondern hinter dem Steuer einer Toyota-Limousine. Seit 1983 verbindet eine vorwiegend aus strategischen Gründen angelegte und mit Saudi-Kapital finanzierte Straße die Hauptstadt Maskat mit dem tausend Kilometer entfernten Salalah. Ich folge mit dem Wagen den Spuren des großen englischen Arabienreisenden Wilfred Thesiger, der vor vierzig Jahren als erster Europäer Teile dieser Region mit Beduinen durchstreift hat. Thesiger scheute keine Strapazen: Von der Wüstensonne gezeichnet, halb verdurstet, total erschöpft kam er ans Ziel. Weder Fieber noch Schüttel-

Der Krummdolch gehört zu jedem omanischen Gentleman

frost konnten ihn aufhalten, auch nicht die Angriffe feindlich gesonnener Beduinen. Thesiger berichtet in seinem Buch „Arabian Sands" (Penguin, Hardmonsworth, England, 1980): „Wir führten die zitternden, sich sträubenden Kamele an den Graten sich ins Endlose hinziehender Dünen hinauf, ohne festen Halt unter den Füßen. Obwohl es eine beinahe unmenschliche Anstrengung war, zeigten sich meine arabischen Begleiter immer freundlich und geduldig. Die Sonne brannte unbarmherzig auf uns herab, und ich fühlte mich elend, schwindlig und am Ende meiner Kräfte. Als ich mich die Dünen im knietiefen Sand hinaufkämpfte, begann mein Herz zu pochen, und der Durst brachte mich fast um den Verstand. Meine Ohren waren blockiert, meine Kehle geschwollen, und ich wußte, daß es noch Stunden dauern würde, bis ich einen Tropfen Wasser zu mir nehmen konnte."

Ich bin ebenfalls seit Stunden auf Achse. Steppenlandschaften, Sanddünen ziehen links und rechts an mir vorbei, hin und wieder donnert ein Lastwagen vorüber. Das Asphaltband zieht sich Hunderte von Kilometern schnurgerade durch das Land – ein weit aufgetaner Raum, die Wüste groß an den Horizont gemalt. Irgendwo in dunstiger Ferne, orangerot aufflammend, eine Gasflamme, ein Fanal moderner Technik. Bei Kilometer 550 eine einsame Tankstelle, die einzige zwischen Maskat und Salalah – wer sie übersieht, hat Pech.

Nach acht Stunden Fahrt nimmt mich Salalah auf. Mein Hotel, das Holiday Inn, ist das einzig nennenswerte Hotel von Stadt und Provinz. „Talent zur Improvisation, das ist hier der springende Punkt", meint der Geschäftsführer. „Wenn ein

Scheich von heute auf morgen ein Bankett für drei- oder vierhundert Personen bestellt, so ist das nichts Außergewöhnliches. Mehr Kopfzerbrechen bereiteten uns schon die Bikinis am Hotelpool – daran mußte sich unser Personal erst gewöhnen." Eine Engländerin, die am Markt von Salalah kürzlich im zweiteiligen Badeanzug auftauchte, landete denn auch unverzüglich hinter Gittern.

Ein neuer Tag in Salalah. Im Hotel ist eine Gruppe amerikanischer Ölfachleute angekommen; Salalah wird in der Ölbranche als heißer Tip gehandelt. Wie ich in Maskat inoffiziell erfahren konnte, wird derzeit über Pläne für eine 1100 Kilometer lange transarabische Pipeline mit Verladeterminal und Raffinerie in Salalah diskutiert. Die Pipeline würde die ölproduzierenden Staaten am Golf vor unliebsamen Überraschungen in der Straße von Hormuz absichern.

Dhofar, das merkt man schon nach ein, zwei Tagen Aufenthalt, macht einen ruhigen, stabilen Eindruck. Von den Unruhen der siebziger Jahre ist nichts mehr zu spüren. Sultan Qaboos setzte bei den Dhofari auf eine Strategie, die offenbar aufging. So wurden in schwer zugänglichen Teilen der Provinz sogenannte Merkez – Siedlungszentren mit Schule, Moschee und Polizeistation – erstellt. Ein Großteil der ehemaligen Guerillas ist in einer hochbezahlten Miliztruppe zusammengefaßt; ihre Familien erhalten finanzielle Zuschüsse.

Der von Qaboos eingerichtete „Flying Doctor Service" nimmt mich für einen Tag mit an Bord: Jeden Morgen starten vom Militärflugplatz Salalah Hubschrauber und einmotorige Maschinen der Luftwaffe mit Arzt und Pflegepersonal zum

Die Burg von Mirbath. Während der Rebellion in der Südprovinz Dhofar ein Ziel der Aufständischen

Flug in die entlegenen Siedlungen der Beduinen und der Jeballi, Halbnomaden, die sich im Hochland des Jabal al Qamar nahe der Grenze zum Südjemen niedergelassen haben und die früher mit den Aufständischen sympathisierten. Behandelt werden hauptsächlich Malaria, Masern und Tuberkulose. „Noch vor Jahren", erzählt Dr. Qundeel Sadiq, eine Ärztin aus Pakistan, „wurden wir von den Jeballi mit Mißtrauen, ja mit Haß empfangen. Inzwischen hat sich das geändert; die Leute haben Zutrauen gefaßt und warten schon auf unseren Helikopter. Oft nehmen sie dabei tagelange Märsche auf sich, um den vereinbarten Treffpunkt zu erreichen."

Unser Hubschrauber nähert sich den aus Steinen und Zeltplanen errichteten Hütten der Jeballi. Nach der Landung sind wir innerhalb von Minuten von zwanzig, dreißig Personen umringt. Als „Sprechzimmer" dienen zwei unter einem schattenspendenden Baum ausgebreitete Decken. Hier werden Medikamente, Spritzen, Verbandsstoffe ausgelegt. Geduldig warten die Patienten, bis ihr Name aufgerufen wird. Wenn es soweit ist, trägt der ceylonesische Krankenpfleger den Namen der betreffenden Person, die Behandlung beziehungsweise die verabreichten Medikamente in ein Krankenblatt ein – auch hier in der Steppe hat alles seine Ordnung. In zwei, drei Wochen wird Dr. Sadiq oder einer ihrer acht Kollegen zur Kontrolle wieder erscheinen – die Rechnung bezahlt der Staat. Vor

Oman – ein Land zwischen Mittelalter und 20. Jahrhundert

unserem Weiterflug bitten uns die Jeballi zum Tee, den sie aus Thermosflaschen servieren; dann ziehen sie zufrieden mit ihren Kamelen von dannen.

Ein Kamel kann dem Reisenden im Oman überall begegnen. Der Omani muß nicht unbedingt über sein eigenes Alter Bescheid wissen, aber das seiner Kamele kennt er auf den Tag genau. Er hat hundertsechzig Bezeichnungen für diese Wüstentiere in seinem Wortschatz und bezahlt als Brautpreis fünf oder sechs der schönsten Exemplare. In einem Land, das ehemals zum sagenumwobenen Reich der Königin von Saba gehörte, genießen Frauen offenbar noch immer eine beträchtliche Wertschätzung.

Sri Lanka – Spritztour vor Korallenriffen

In der Maschine nach Colombo kamen die ersten Zweifel. Würde der Fischer sein Wort halten? Würde ich ihn in Negombo überhaupt finden? Immerhin lag unsere Verabredung, eine größere Katamaranfahrt zu machen, über ein Jahr zurück. Trotz Briefwechsel – wieweit kann man sich auf einen Fischer aus Sri Lanka verlassen?

Doch ehe wir am Flughafen den Zoll passieren, sehe ich ihn schon! Winkend und grinsend steht er da, in seinem besten Sonntagsstaat. Sogar ein Auto hat er organisiert, und er gibt uns auch keine Möglichkeit zu einem ursprünglich geplanten, kurzen Abstecher in den Süden des Landes: Mark Anthony Peries verfrachtet uns geradewegs nach Negombo. Denn er ist von der Idee besessen, den europäischen Gästen zuallererst sein Haus und seine Familie zu präsentieren: Vater, Mutter, Onkel, Tanten, Freunde, Kinder, Neugierige vor dem Haus, Bewirtung mit Bier und Sandwiches – es ist die Stunde seines Lebens!

Ein Katamaran-Trip ist kein alltägliches Touristen-Unternehmen. Entsprechend kompliziert verlaufen die Vorbereitungen. Allein schon einen singhalesischen Fischer mit Englischkenntnissen aufzutreiben ist ein ausgesprochener Glücksfall. Lagebesprechung, Festsetzung von Route und Fahrpreis, Ver-

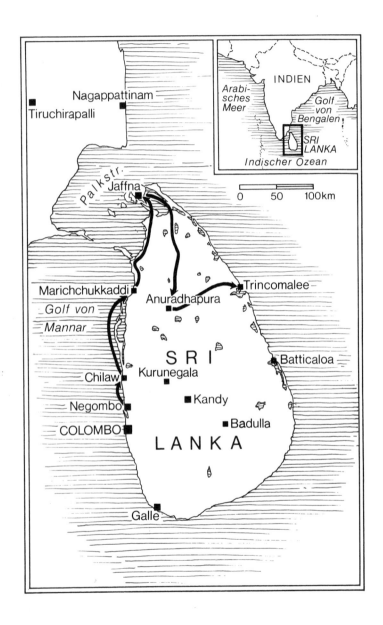

proviantierung – Peries dolmetscht und organisiert. Chavran, unser Kapitän, besiegelt das Ganze mit einem Handschlag. Im weiteren Verlauf unserer Reise sollte Peries vom „Mädchen für alles" zum Top-Manager aufsteigen, Chavran die absolute Autorität über Mannschaft und Navigation innehaben.

Nach 24 Stunden hin und her ist es endlich soweit: Auszug aus Negombo. Den Singhalesen verschlägt es den Atem: Europäer, die auf einem Katamaran fahren wollen! Was soll das nun wieder bedeuten? Wir, diese „verrückten Europäer", das sind Jean-François, ein Hotelier aus Val d'Isère, sowie Peter und Ulli, beide aus München, der eine Anwalt, der andere Graphiker, drei meiner Freunde, die ich zu dem Abenteuer überredet habe. Für Jean-François ist es die erste große Aus-

Fischerdorf an der Westküste

landsreise. Vor lauter Aufregung hat er seine Schuhe im Flugzeug vergessen – für Sri Lanka kein großer Verlust, aber bei unsrer Ankunft lag in München ein halber Meter Schnee.

Gegen Mittag ist der langersehnte Zeitpunkt gekommen; wir machen uns auf die Reise. Der Wind bläst leicht aus Süden, unser Katamaran gewinnt an Fahrt. Lautlos schneidet das Boot durch die glasklaren Wellen des Indischen Ozeans. Schnell, leicht, elegant, ein toller Kahn! Seit Jahrhunderten benutzen die Fischer im südostasiatischen Raum Auslegerboot und Katamaran, an deren Bauweise sich bis heute nichts geändert hat. Die bis zu zwölf Meter langen Boote mit dem ungewöhnlich schmalen Rumpf und dem Ausleger werden von den Fischern in traditioneller Arbeitsweise selbst gebaut, wobei kein Metall benutzt wird. Elastische Leinen aus Kokosfasern gewährleisten ein nahtloses Aneinanderfügen der einzelnen Bauelemente, V-förmig emporragende Bambusmasten tragen das rechteckige, etwa dreißig Quadratmeter große Segel. Unsere Bewegungsfreiheit ist aufs äußerste eingeschränkt; eine Netz- und Seilverspannung, montiert auf zwei Verbindungsstreben zwischen Rumpf und Ausleger, bildet für die nächsten Tage die einzige Sitz- beziehungsweise Liegegelegenheit. Außer uns vier „Weltumseglern" haben wir fünf Mann Besatzung an Bord, alles Fischer aus Negombo, drahtige, kräftige Burschen, die der Bevölkerungsgruppe der Tamilen angehören.

Die Tamilen, die vor Jahrhunderten von Südindien nach Sri Lanka einwanderten, leben vor allem im Norden und Osten der Insel, wo sie als Fischer und Bauern ihr Brot verdienen. Ihre

Fischer in Negombo zeigen stolz frischgefangene Haie

Sprache, das Tamil, ist neben Singhalesisch die zweite Landessprache. Die Singhalesen, die im 6. Jahrhundert v. Chr. auf Sri Lanka Fuß faßten, bilden mit 70 Prozent den Hauptanteil der Bevölkerung. Konflikte zwischen beiden Bevölkerungsgruppen führten kürzlich zu schweren Ausschreitungen.

Allmählich werden die Konturen von Negombo zu einem kaum mehr wahrnehmbaren Strich. Unser Katamaran passiert eine Flotte von Schwesterschiffen, die vom Fischfang zurückkehren. In den Gewässern um die Insel sind außergewöhnlich viele Fischarten beheimatet – mehr als achthundert verschiedene Meeresbewohner. Gefangen werden vor allem Haie, Thunfische, Zackenbarsche und Stachelmakrelen. Im Lauf der Jahre stiegen viele singhalesische Fischer auf motorgetriebene

Im Kanal bei Chilaw

Boote um; seither sind die Fangquoten auf über 150 000 Tonnen Fisch jährlich gestiegen.

Wir halten uns in Sichtweite der Küste – trotzdem, der Tag endet turbulent. Sturm kommt auf. Der Katamaran jagt gischtend über Wellenberge, klatscht in Wellentäler, es kracht und ächzt in allen Fugen. Unsere Besatzung hängt in den Seilen, sie beweist Regattareife. Für uns gibt es jetzt nur noch eine Parole, und die heißt: festklammern, Ohren steifhalten. Die Nacht bricht herein. Allmählich beruhigt sich die See. Ein gewaltiger tropischer Regenguß prasselt auf das Boot, aber auch diese Dusche ist nach zehn Minuten überstanden.

Wir fühlen uns unter den drohenden Wolkengebirgen wie auf einem Gespensterschiff im schwarzen Ozean. Am Horizont schaukeln – eine leuchtende Perlenkette – die Lichter der Fischerboote.

Das Meer hält uns gefangen: ein Riff, das sich kilometerlang hinzieht, versperrt den Kurs auf Land. Woge auf Woge donnert gegen die Barriere des Riffs. Wir versuchen mit unseren Augen die Nacht zu durchdringen, eine Fahrrinne durch das Riff zu erspähen. Ein einziger Navigationsfehler – das Boot würde zerschellen. Es wird zehn Uhr, elf Uhr, zwölf Uhr. Gebannt starren wir auf das chaotische Meer, stets nach Klippen Ausschau haltend. Sollte der Durchbruch gelingen? Schließlich, es ist halb eins, scheint die Passage gefunden. Augenblicke äußerster Spannung. Und dann gleitet das Boot ruhig und sicher in den Kanal von Chilaw. Geschafft! Eine Fischerhütte in Chilaw ist unser Nachtquartier. Von einem Ruhelager kann zunächst jedoch keine Rede sein: unsere Gastgeber versammeln sich – eine neugierige Runde – um uns. Dann tischen sie ein Fischgericht auf, selbstverständlich mit Reis und Curry, die große Spezialität von Sri Lanka.

Jean-François steht im Mittelpunkt des Geschehens. Er gibt begeistert „Interviews", alles in bestem Französisch. Die Fischer kapieren kein Wort – aber auch sie zeigen sich ebenfalls begeistert. Gegen drei Uhr werfen wir uns todmüde auf den Hüttenboden; um sechs Uhr wecken uns die Hühner.

Würde sich nicht ein ganzer Rattenschwanz von Kindern an unsere Fersen heften, so wäre ein Gang durch ein singhalesisches Fischerdorf keine besonders aufregende Sache. Die Hütten bestehen meist aus Flechtwerk, ihre Einrichtung beschränkt sich auf das Notwendigste. Als Dorfzentrum fun-

Die Segel des Fischer-Katamarans werden befeuchtet

Wir befinden uns schon auf See

giert vielleicht eine Teestube, ein Krämerladen oder das Schulhaus. Das Dorf ist die vorherrschende Siedlungsform auf der Insel; drei Viertel der Bevölkerung lebt in über 50 000 Dörfern.

Start zur zweiten Etappe. Sonnenaufgang über dem Indischen Ozean, über uns die rote Flamme des Segels, vor uns ein spiegelglattes, sanftes Meer, wir schaukeln in einer perfekten Flaute. Mannschaft und Passagiere dösen im Schatten des Segels vor sich hin, unbarmherzig knallt die Sonne auf das Deck. Schließlich ist die Hitze kaum mehr zu ertragen, und wir springen trotz der ständigen Haigefahr in den Ozean, wobei uns der Katamaran kurzerhand ins Schlepptau nimmt: ein herrliches, träges Dahingleiten in der Flut.

Gegen Abend kommt endlich eine leichte Brise auf, und wir

nehmen Kurs auf Uppaduwa, ein Dorf, das nach einer Stunde an der palmengesäumten Küste auftaucht. Zwar sind diesmal keine Klippen mit List und Tücke zu umschiffen, jedoch ist auch hier bei der Landung einiges los: Hundert Hände greifen zu, Männer, Frauen, Kinder schieben und zerren das Boot unter Geschrei und großem Hallo an Land.

Und dann kommt die Schau des Kapitäns: „Pressekonferenz" in Uppaduwa! Vor versammeltem Dorf steht er auf seinem Boot, wirft sich in Pose, ist ein Held der Meere, der, wie er sagt, vor Singapur, Java und Malaysia kreuzte und der jetzt als Krönung seiner Laufbahn vier Europäer auf seinem Katamaran befördert. Das soll ihm erst einer nachmachen!

Die Singhalesen sind sichtlich beeindruckt – wenig später ist zu unserer Abendmahlzeit die gesamte männliche Dorfbevölkerung angetreten, und man verfolgt sozusagen jeden Bissen, jedes unserer Worte in schweigender Geschlossenheit. Und der Kapitän und Jean-François genießen die Situation. Für die beiden ist unsere Katamaran-Reise bereits gelaufen.

Als Ruhelager steht uns jede beliebige Hütte offen, aber wir halten es diesmal mit dem Strand: mehlfeiner Sand, sternenklarer Himmel, das donnernde Rauschen der heranrollenden Brandung – ein Nachtlager, das sich sehen lassen kann. Dazu kommt ein kaum zu überbietender Service: Gegen zwei Uhr früh erscheint Mark Anthony Peries – und serviert Tee. Wir starren den Mann verblüfft an und schlürfen sein Getränk. Denn: Man trinkt Tee auf Sri Lanka. Tee im Hotel, im Landgasthaus, in der Fischerhütte. Tee zu jeder Tages- und Nachtzeit, Tee mit Lime, mit Arrak oder pur. Tee ist neben dem

Bei Uppaduwa

Tourismus die wichtigste Devisenquelle des Landes.

Am nächsten Tag sind die Winde günstig. Der Katamaran fliegt förmlich unserem Reiseziel – Jaffna, im Norden der Insel – entgegen. Die Stadt Jaffna hat eine bewegte Vergangenheit. Früher war sie die Hauptstadt eines unabhängigen Tamilen-Königreichs; dann kamen im Jahr 1505 die Portugiesen auf die Insel und machten Jaffna zu einem ihrer Stützpunkte; 150 Jahre später wurden sie durch die Holländer aus der Stadt vertrieben; heute ist die Stadt ein Handelsplatz für Reis, Mangos, Baumwolle und Tabak.

Von den schwankenden Planken des Katamarans steigen wir in Jaffna auf den Urwaldexpreß um, die singhalesische Staats-

Es geht wieder los

bahn, mit der wir auf dem Landweg die Tempelstadt Anuradhapura erreichen wollen. Zwar haben sich die Singhalesen mit der Zeit an jene Reisenden aus dem Westen gewöhnt, die in vollklimatisierten Bussen ihre Inselrunden absolvieren – mit diesen Europäern aber Stunden auf Tuchfühlung in einem Eisenbahnabteil zu verbringen, das ist neu und aufregend. So ungewöhnlich, daß der in Sarong und undefinierbare Duftwolken gehüllte Alte aus Nervosität ständig mit den Zehen am Boden scharrt und regelmäßig in gekonntem Schwung aus dem Fenster spuckt.

Die leicht angestaubten, aus China stammenden Holzwaggons sind voll wie eine Hühnersteige. Einige der Mitreisenden versuchen, mit mir ins Gespräch zu kommen, jedoch verständigen wir uns hauptsächlich mit Händen und Füßen. An jeder Station wiederholt sich ein Riesenspektakel: Winken, Schreien, hundert Kinderhände strecken sich ins Abteil und bieten den Passagieren kleine Blätterteigkuchen und tropische Früchte an.

Auch das ist Ceylon – da trotten neben dem Bahndamm Arbeitselefanten mit ihren Führern heran. Die 1200 bis 1500 auf der Insel beheimateten Elefanten sind von etwas kleinerer Statur als ihre afrikanischen Kollegen, jedoch, wie uns später ein Mahoud, ein Elefantenführer, erklärt, sehr viel intelligenter. So parieren die Tiere immerhin auf 36 Befehle.

Der Elefant ist hier in Kunst und Mythos allgegenwärtig. Dies ist besonders eindrucksvoll in Kandy, einer alten Königsstadt im Hochland von Sri Lanka, zu beobachten. Seit 1774 ziehen alljährlich im Sommer anläßlich des Perahera-Festivals sechzig, siebzig prächtig geschmückte Elefanten mit Tänzern, Fackelträgern und Musikanten durch die Straßen der Stadt. Leider reicht für einen Besuch von Kandy die Zeit nicht, wir fahren direkt nach Anuradhapura.

Anuradhapura. Tempelruinen, Grabmäler, Buddhaskulpturen, königliche Gärten und Pavillons führen uns hier in die Epoche zurück, als Anuradhapura die Hauptstadt des singhalesischen Königreichs war (247 v. Chr. bis 781). Eine Stadt am Rande des Dschungels, deren Tempel und Paläste erst durch Ausgrabungen im Jahr 1921 wieder ans Tageslicht rückten.

In Anuradhapura nehmen wir einen Bus zum Badeort Trincomalee. Das Abenteuer Sri Lanka nimmt seinen Fortgang

– und beinahe ein böses Ende. Wir schaukeln durch die Landschaft, dämmern im Halbschlaf vor uns hin, plötzlich ein Schlingern, ein Schleudern, wir prallen gegen eine Begrenzungsplanke, schlittern über die Straße, durchbrechen ein Brückengeländer. Dann stürzt der Bus über die Böschung. Das passiert alles so blitzschnell, daß mir kaum Zeit zu einer Reaktion, zu Angst oder Panik bleibt. Unser Bus – oder das, was von ihm übrig ist – ein Wrack im Urwald . . ., mitten in der Nacht, das Dach unten, die Räder oben. Schreie, Weinen, Rufen. Jetzt nichts wie raus, bevor das Ganze in die Luft fliegt. Ein zerbrochenes Fenster ist unser Fluchtweg. Irgendwann dröhnt schließlich ein Lastwagen durch die Nacht. Er nimmt uns mit bis zum nächsten Polizeiposten. Ich bin noch ganz benommen, nehme alles um mich herum nur bruchstückhaft wahr, wie durch einen dumpfen Schleier. Die Polizisten, so erzählten mir später meine Freunde, zeigten sich an unserer Unfallmeldung ausgesprochen desinteressiert. Ein Menschenleben mehr oder weniger, das spielt in Asien kaum eine Rolle. Für mich gibt es nichts weiter zu berichten: Der Sturz über die Brücke verpaßte mir eine respektable Gehirnerschütterung, die meiner Reise durch Sri Lanka ein vorzeitiges Ende bereitete. Rückfahrt nach Colombo, Röntgenstation, drei Tage im Hotel, vorzeitiger Rückflug nach München – für einen Traumtrip ein unerwartetes und abruptes Ende.

Hongkong – Schwarzer Grenzverkehr zum roten Nachbarn

Hongkong. Hafenstadt an der Küste Chinas. In zwanzig Minuten werden wir in Hongkong landen, der Metropole vor der Flanke des gelben Riesen. Aufgetürmte Wolkenwände, zwischen denen der Blick in die Tiefe stürzt.

Wir kommen von London über Bahrain. Unsere Boeing-747 befindet sich noch im chinesischen Luftraum. Ich sitze im geräumigen Cockpit des Düsenriesen hinter dem Kapitän. Hier vorne ist es leiser als hinter uns im Passagierraum. Nur ein durchdringendes Singen gräbt sich ins Gehör. Und das Sprechfunkquäken.

Kapitän Peter Bannister ruft die Kontrollstation in Guangzhou (Kanton): „Guangzhou, this is Cathay Pacific CX-200."

Guangzhou: „CX-200 go ahead!"

Bannister: „CX-200 was Bravo Hotel at zero-seven at 10 000 meters, estimating X-ray-kilo at one-two."

Guangzhou: „Roger, CX-200 cleared at 8000 meters by X-ray-kilo."

Bannister: „Roger, CX-200 to cross X-ray-kilo at 8000 meters."

Airline-Chinesisch . . ., für jeden Laien ein Anlaß, an seinen Englischkenntnissen zu zweifeln, für Peter Bannister tägliche

Routine. Der Akzent des chinesischen Fluglotsen ist ihm längst in Fleisch und Blut übergegangen. Gelassen, fast entspannt, die linke Hand am Knüppel, räkelt er sich jetzt im engen Pilotensessel; so lange hinter dem Steuer, das geht in die Knochen und aufs Kreuz.

Bannister, blond, hager, 43 Jahre alt, trägt bei Flug Nr. CX-200 die Verantwortung für 315 Menschen an Bord. Man hat bei ihm ein gutes Gefühl. Er wirkt ruhig, sachlich, souverän. Einer, der sein Handwerk versteht. Hunderte von Anflügen auf Hongkong liegen hinter ihm. Vor drei Jahren schaffte er, mit vierzig verhältnismäßig jung, den Sprung vom Tristar- zum Jumbo-Kapitän. Andere versuchen ein halbes Leben vergeblich, sich in der Typen-Hierarchie bis zu den dicken Brummern hochzuhangeln. Dabei entsprach der Werdegang von Peter Bannister nicht unbedingt den Spielregeln, die für den Job im Cockpit maßgebend sind.

Wieder die Stimme des Fluglotsen: „CX-200, you are now cleared to Rumet at 4000 meters." Rumet ist eine Navigations-Position für die Einflugschneise Hongkong, Handover – Übergabepunkt – für den chinesischen Fluglotsen an seinen Kollegen in Hongkong. CX-200 verläßt den chinesischen Luftraum. Bannister schaltet die Anschnallzeichen an. Ein Blick aus der Pilotenkanzel – Wolken, so weit das Auge reicht.

Schule, Universität, Karriere? Bannister winkt ab. Mit siebzehn klappte er die Schulbücher zu und machte sich von Cheltenham auf den Weg nach London, „to see the world", um sich in der Welt umzusehen. Den ersten Job bekam er in einem Reisebüro. Kurz darauf wechselte er als Grill-Chef in ein Hotel

Flugkapitän Peter Bannister

im Londoner Mayfair-Bezirk, nicht gerade das, was er sich erträumt hatte. Nach ein paar Wochen verabschiedete sich Bannister, allerdings mehr gezwungenermaßen. Er hatte Pech mit einem Steak, die halbe Bude fing Feuer, in Panik flohen die Gäste aus dem Lokal. Mit 140 Schilling in der Tasche tauchte er dann in Innsbruck auf; das Arbeitsamt vermittelte ihn als Kellner an ein Hotel in Igls. Dort machte sich Bannister schnell einen Namen, sowohl im Hotelfach als auch im Bereich von Ski und Après-Ski. Am Ende der Saison verlegte der Mann aus Cheltenham seine Aktivitäten nach Oberammergau, wo er sich unter anderem als Hausbursche betätigte.

Sechs Monate Oberbayern verpaßten seinem Deutsch den,

wie er meint, „richtigen Akzent" und brachten ihn auf den Geschmack von Schweinsbraten und Leberkäs. Oberammergau war vorläufiger Endpunkt seiner Europa-Tournee. Über London schipperte Bannister als Steward bei P & O nach Sydney. Aber in Australien hielt es ihn auch nicht lange. Auf den fünften Kontinent folgte die Schweiz – ein Jahr Reiseleiter für ein englisches Büro in Luzern; in seiner Freizeit feilte er auf den Gletscherpisten vom Titlis an seiner Skitechnik. Ob er sich damals gelegentlich Gedanken über seine Zukunft gemacht habe? „You know, you have to do your thing at your own time" – „Alles zu seiner Zeit", meint Bannister darauf kurz und bündig. Und fügt ganz beiläufig hinzu: „Sicher, s'isch a guate Zit g'si in der Schwyz."

„CX-200, you are further cleared to 2000 meters on the QNH-1011."

Bannister geht auf 2000 Meter, immer noch Geisterflug durch Wolkengebirge.

Fernost, das Ziel, das Bannister seit Jahren faszinierte. Mit Motorroller, Autostopp und Orientexpreß schlägt er sich über Teheran, Delhi, Singapur, Saigon nach Hongkong durch und läßt sich dort von einem der großen Handelshäuser als Manager für Luftfracht engagieren – ohne entsprechende Kenntnisse, ohne Erfahrung: „I took a chance and I was lucky" – „Ich riskierte es und hatte Glück."

Ein Freund bringt ihn zum Hongkong-Flying-Club. Und in Bannister klingelt es endlich: Pilot! Er belegt sofort Kurse zum Erwerb der kommerziellen Pilotenlizenz für kleinere Maschinen und steigt ganz nebenbei zum Nachrichtensprecher einer

Fernsehstation auf. Aber das wichtigste ist für ihn der Job im Cockpit.

Monate später, Bannister hat die Pilotenlizenz in der Tasche. Er schreibt Briefe und bewirbt sich an allen möglichen Ecken des Globus. Als dann aus Nairobi ein Telegramm kommt, packt Bannister seine Koffer, tauscht Hongkong mit Ostafrika und fliegt in Kenia und Tansania Touristen auf Safari. „Magnificent flying – wunderbare Flüge; Mann, das war mein erster Einsatz!"

„CX-200 turn left, heading 180 and cleared for 900 meters."

Bannister bestätigt, Linkskurve, Flughöhe 900 Meter. Immer noch grauweiße Wolkensuppe, Instrumentenflug. Von Nairobi geht Bannister nach New York. Aber der angestrebte Job bei TWA ist bereits vergeben; zum Überleben akzeptiert er ein Angebot als Hemdenverkäufer bei Bloomingdale's. Die Pilotenlizenz soll ihm dabei einen Bonus von 20 Dollar pro Woche bringen. Buchstäblich in letzter Minute erreicht ihn eine neue Offerte. Wieder ist es Afrika. Zwei Tage später unterschreibt er bei der Air Congo. „Mit der Fokker F-27", so Bannister, „sammelte ich im Kongo viel Erfahrung. Es war ein ausgezeichnetes Training! Tag für Tag kurvte ich über dem Urwald, landete irgendwo im Busch. Bei Notfällen keinerlei Hilfe; ich war ziemlich auf mich selbst gestellt."

Der Rest ist schnell erzählt. Auf den Job im Kongo folgen erneutes Training, Lehrgänge, Tests in Nairobi, London und Miami. Bannister besteht mit Auszeichnung, erwirbt die Lizenz für die vierstrahlige Boeing-707, fliegt für All-Nippon-Airways und entscheidet sich 1972 für Cathay Pacific und damit für Hongkong. Mit der Convair-880 pendelt er anschließend vier Jahre auf den Cathay-Routen zwischen Hongkong, Bangkok, Kuala Lumpur, Singapur, Tokio und Manila; über die 707 und den Tristar klettert er ins Jumbo-Cockpit. Im Jahr 1984 wählten ihn seine Kollegen zum Präsidenten des Pilotenverbandes von Cathay Pacific in Hongkong.

Hongkong, eine Stadt, in der Bannister immer zu Hause war. Trotzdem wird er mit seiner japanischen Frau eines Tages nach Europa zurückkehren. Bergsteigen, Skilaufen, ein Chalet in den Alpen, damit, meint er, könnte er auskommen. Apropos Berge, vor zwei Jahren schaffte er am Muztagata im Pamir 6200 Meter, Stürme zwangen die Expedition schließlich zur Umkehr.

Unwillkürlich ziehe ich den Sitzgurt fester – Stürme, Turbulenzen auch auf dem Weg der Boeing. Die Maschine wird unruhig und sackt gelegentlich einige Meter durch, dann wiederum harte Stöße, als holpere sie über einen Stoppelacker. Cadillacs sind weicher gefedert, denke ich mir.

„CX-200 cleared for 600 meters, call the tower at 118,7."
Flughöhe 600 Meter. Bannister ruft den Tower. Fahrwerk ausfahren, Klappen auf 30 Grad setzen. In einer Wolkengasse tasten wir uns tiefer, hinein in ein Häusermeer, dessen Konturen schemenhaft unter uns auftauchen.

„CX-200 cleared to land!"

Im Tiefflug donnert die Boeing über die Dächer der Wohnblocks. Nach der dämmrigen Ungewißheit des Wolkentunnels plötzlich das blendende Licht. Balkone, Hinterhöfe, Straßenschluchten mit Menschengewimmel huschen vorbei. Noch

CX-200 beim Touch-down in Hongkong

200 Meter Flughöhe, vor uns Kai-Tak-Airport, die Runway 31, dahinter das Meer. Noch 10 Meter, 5 Meter – Bodenkontakt. CX-200 gelandet. Umkehrschub, Bremsen, ausrollen.

Peter Bannister klopft dem Gast im Cockpit auf die Schulter. „Well, that's it, welcome to Hong Kong!"

„Welcome" – „Willkommen!" Mit diesem Gruß empfangen uns auch D. B. Osbourn und seine Mannschaft beim Einschiffen in Tai Po Kau.

Jetzt kreuzen wir in der South-China-Sea, im Südchinesischen Meer. In Sichtweite die chinesische Küste, ein Landstreifen, der wie ausgestorben vor uns liegt. Wir suchen nach einem Zeichen menschlichen Lebens. Nichts. Die Szenerie wirkt fast

Im Hafen von Hongkong

gespenstisch. Eine Stimme neben mir weckt mich aus meinen Gedanken. „Die Ruhe täuscht", sagt mir D. B. Osbourn. „Unter der Oberfläche ist vieles in Bewegung; im nächsten Augenblick kann hier der Teufel los sein." D. B. Osbourn spricht aus Erfahrung. Er ist Engländer, seit zehn Jahren Chief-Inspector bei der Marinepolizei Hongkong, Abschnitt Nord, eher ein gemütlicher Buchhaltertyp, etwas untersetzt, fast füllig, etwa fünfzig, die dunklen Haare über der sonnengebräunten Stirn leicht ausgedünnt.

Unser Boot, der Marinekreuzer *Number Two*, hat eine Besatzung von sechzehn Mann, alles Hongkong-Chinesen im Polizeidienst, eine Eliteeinheit in der britischen Kronkolonie. Insgesamt sind neun Boote im Distrikt Nord auf Patrouille.

D. B. Osbourn ist stellvertretender Einsatzleiter. Von seinem Kommandoboot dirigiert er auch die übrigen Patrouillen-Kreuzer. Achtundvierzig Stunden ist er bei dieser Tour auf See, dann wird ihn ein chinesischer Kollege vom Hauptquartier in Tai Po Kau ablösen.

Osbourn gibt Befehl zur Kursänderung. „Die Fischerboote drüben am Eingang zu Starling Inlet", meint er, „die sollten wir mal unter die Lupe nehmen. Diese Fischer, das sind Hakka-Chinesen, durchtriebene Burschen, mit allen Wassern gewaschen – wer weiß, was die wieder vorhaben . . ." Wir gehen also auf Nordkurs. Ein ganzes Labyrinth von kleinen, bewaldeten Inseln schiebt sich ins Blickfeld, im Westen begrenzen die Höhenzüge der New Territories den Horizont. Eine zerklüftete, schwer überblickbare Gegend. Ideal als Fluchtweg für Festlandchinesen mit Ziel Hongkong. „Chinesisches Festland und britisches Hoheitsgebiet liegen sich teils so nahe", sagt Osbourn, „daß gute Schwimmer die Strecke in ein bis zwei Stunden schaffen. Andere versuchen es mit selbstgezimmerten Booten und Flößen. Es könnte aber auch sein, daß am Festland einer sitzt, der diese primitiven Fluchtgeräte gewerblich herstellt und an den Mann bringt." Für das Aufspüren und die Festnahme der Flüchtlinge – laut offiziellem Sprachgebrauch handelt es sich um illegale Einwanderer – ist die Marinepolizei zuständig. Die Zahl der Flüchtlinge ist innerhalb der letzten Jahre allerdings drastisch zurückgegangen: 1979 waren es noch an die 15 000, die durch den Bambusvorhang schlüpften – und von der Polizei erwischt wurden –, dieses Jahr waren es weniger als 300. Für diesen Rückgang dürfte ausschlaggebend sein, daß die Flüchtlinge von den Engländern postwendend wieder über die Grenze abgeschoben werden, was sich in China offenbar herumgesprochen hat. Andererseits könnten auch gewisse Liberalisierungsmaßnahmen jenseits der Grenze eine Rolle spielen.

Wir nähern uns den Fischerbooten. Das Prisenkommando steht bereit. Osbourn entscheidet sich für das nächstbeste Boot, dem wir durch unsere Schiffssirene signalisieren, daß es anhalten soll. Der motorgetriebene Sampan dreht bei, die Besatzung zeigt ihre Papiere. Der Sampan, ein Boot mit hohem Bug, etwa zehn Meter lang, ist in südostasiatischen Gewässern beheimatet. Im Hafen von Aberdeen, außerhalb von Hongkong, liegen Hunderte dieser Boote vor Anker, die gleichzeitig als Hausboote dienen. Uralte, klapprige Chinesenmütterchen haben ein Leben auf diesen Booten verbracht, ohne je ihren Fuß auf das Festland zu setzen.

Osbourn beobachtet von der Kommandobrücke aus die Aktion seiner Leute. Die Polizisten suchen nach Flüchtlingen und Schmuggelware. In letzter Zeit hat der Schmuggel mit Fernsehgeräten, Radios, Kameras und Microcomputern von Hongkong in die Volksrepublik einen Umfang angenommen, der die chinesischen Behörden zur Vorsprache bei den Engländern veranlaßte; diesen blieb schließlich nichts anderes übrig, als Gegenmaßnahmen zu treffen.

„Die Ware", so Osbourn, „wird in China mit enormen Gewinnspannen an den Mann gebracht. Im Gegenzug finden Antiquitäten, Gold und Silber ihren Weg nach Hongkong. Nein, mit Drogenschmuggel haben wir in unserem Distrikt wenig zu tun, das ist Sache der Kollegen im Südabschnitt. Dort werden die Drogen aus Thailand eingeschleust, wobei der Stoff meist außerhalb unserer Hoheitsgewässer auf Fischerboote verladen und an bestimmten Punkten im Hafen von Hongkong an Land gebracht wird. Unsere Leute haben dabei einen schweren Stand, denn es ist unmöglich, jede Dschunke, jeden Sampan zu kontrollieren."

Regenschauer peitschen über das Deck, das Meer ist bewegt, der Kutter kracht gegen unser Schiff. Ich höre die chinesischen Fischer immer heftiger fluchen, und es erfordert nur wenig Phantasie, um zu merken, wohin sie uns wünschen. Die Polizisten leisten bei der Kontrolle der Fischkutter gründliche Arbeit, trotzdem kommen sie mit leeren Händen zurück. „Irgendwas ist faul an der Sache", knurrt Osbourn. „Okay, let's move on, lassen wir die Burschen laufen, catch 'em next time."

Osbourn beauftragt seine Kollegen auf dem in der Nähe kreuzenden Polizeiboot *Nr. Four*, die Fischer im Auge zu behalten, dann setzen wir unsere Fahrt fort. Wir passieren Peng Chau, ein Dorf, das vom Fischernest zur Schmugglerhochburg avancierte. „Als Fremder", sagt Osbourn, „bist du dort auf verlorenem Posten. Die halten zusammen wie Pech und Schwefel." Apropos Fremde – ob Touristen hier gelegentlich aufkreuzen? „Touristen? Die lassen sich in unserem Revier nicht blicken, schließlich sind wir hier nicht in Hongkong. Im übrigen benötigt man für die Fähre, die hier zwischen den Inseln verkehrt, einen Passierschein. Nun, vielleicht, daß an Wochenenden ein paar Leute mit ihren Booten aus Hongkong heraufkommen, aber für die meisten ist das eine Ecke, um die man eher einen Bogen machen sollte."

Einfahrt Mirs-Bay North. Über Funk nimmt die *Monkton*, ein Patrouillenschiff der britischen Marine, Kontakt mit uns auf. Die Navy ist mit fünf ehemaligen Minensuchbooten in Hongkong vertreten, sozusagen das letzte Aufgebot östlich von Suez. Die Zeiten, als die Engländer auf den Weltmeeren Regie führten, sind längst vorbei. „Heutzutage", sagte mir ein Offizier im Marinehauptquartier *H. M. S. Tamar* in Hongkong, „heutzutage geht es hier mehr oder weniger nur noch darum, zu zeigen, daß wir überhaupt noch da sind." Die tägliche Kleinarbeit, die macht die Marinepolizei.

Die Mirs-Bay wird im Norden von der chinesischen Küste begrenzt, wobei die britischen Hoheitsgewässer bis zum Festland reichen. „Aber um Provokationen zu vermeiden", so Osbourn, „gehen wir nur im Extremfall in unmittelbare Küstennähe." Es sei denn, die Engländer beabsichtigen, mit der anderen Seite Kontakt aufzunehmen. In diesem Fall dient das englische Boot in Küstennähe als Gesprächssignal für die Chinesen – obwohl offiziell zwischen beiden Seiten auf See keinerlei Kontakte bestehen.

Der Küstenabschnitt von Mirs-Bay North zeigt ein anderes Gesicht, die Szenerie hat sich verändert: Baukräne ragen in den Himmel, wir erkennen Appartementkomplexe, Hotelfassaden, Straßen, ein eher ungewöhnliches Bild an dieser brisanten Grenze. Die Chinesen, so ist zu erfahren, betonen mit diesen Baumaßnahmen ihre wirtschaftliche Öffnung gegenüber dem Westen. Diese Küstenregion ist in die Sonderwirtschaftszone

Britische Patrouillenboote beim Auslaufen

von Shenzen eingegliedert, die gegenwärtig mit ausländischen Geldgebern als Gemeinschaftsunternehmen errichtet wird.

Der Kapitän des Polizeiboots *Number Two*, Raymond Li Mei-sing, steht schon seit einigen Jahren im Dienst der Royal-Hongkong-Police, Abteilung Marinepolizei. Ein Oldtimer. Wir sprechen über die Zukunft. Was passiert 1997, wenn China die Souveränität über Hongkong zurückerlangt? In welchen Zeiträumen werden die zehntausend britischen Soldaten abgezogen? Wird sich die Polizei auflösen? Werden Millionen von Hongkong-Chinesen buchstäblich in der Falle sitzen?

Li Mei-sing ist zuversichtlich. „Man wird sich arrangieren. Hongkong ist für Peking als Devisenquelle nicht zu ersetzen;

auch wenn China derzeit noch – mit einem Seitenblick auf Taiwan – von der vollen Ausübung seiner Souveränitätsrechte in Hongkong spricht, es wird einen Kompromiß geben."

Ein Kommando des Ersten Offiziers beendet die Diskussion. Unser Boot zieht eine scharfe Rechtskurve und geht auf volle Geschwindigkeit. Wie der Offizier berichtet, hat er soeben Fischer beobachtet, die zur Steigerung ihres Fanges Wasserbomben gezündet hatten. „Falls wir die erwischen", meint Li Mei-sing, „könnte es denen an den Kragen gehen. Auf den illegalen Besitz von Sprengstoff setzt es saftige Strafen." Aber so ein chinesischer Fischer ist mit allen Wassern gewaschen, er weiß, wie man der Polizei ein Schnippchen schlägt! Augenblicke nach unserer Kursänderung segeln die Fischer mit ihren Booten kreuz und quer über das Meer, um die Identifizierung des Bombenwerfers zu erschweren. Nach zwei, drei Minuten sind wir an Ort und Stelle – aber auf welchem Boot sich nun der Sünder befindet, das läßt sich längst nicht mehr feststellen. Die Taktik der Fischer ist aufgegangen, und jetzt tun sie so, als hätten sie nie zuvor im trüben gefischt.

Über Mirs-Bay sind drohende Wolkengebirge aufgezogen. Für die nächsten Tage besteht Taifunwarnung. (Der Sturm wird zwanzig Schiffe im Hafen von Hongkong aus ihrer Verankerung reißen und Schäden in Millionenhöhe anrichten.) Das Schwarz der Küstenberge wirkt unheimlich und überschattet das Meer mit düsterem Glanz.

Die Fischkutter streben der Küste zu, suchen Unterschlupf in Buchten und Nischen. In der Ferne verhallt das Dröhnen eines schweren Außenbordmotors. „Vielleicht ein Kabinenkreuzer

Gleich wird das Fischerboot nach Schmuggelware durchsucht

aus Hongkong auf Ausflugsfahrt", meint Osbourn. Genausogut könnte ein Schnellboot unterwegs sein, dessen Besatzung das schlechte Wetter ausnützt, um Kinder aus China nach Hongkong zu schmuggeln. Preis pro Kopf: 6000 bis 8000 Dollar. Eine Branche, in der sich die Unterwelt von Hongkong eingenistet hat. Dementsprechend sind die Methoden: Kreuzt die Polizei auf, werfen die Gangster ihre Passagiere kurzerhand über Bord . . .

Stunden später kehren wir nach Hongkong zurück, eine aufregende Stadt zwischen zwei Welten. Bunt schillernd, turbulent. Der Zug von Tai Po Kau fährt in die Station Kowloon ein. Am Bahnsteig warten Reisende auf die Fahrt nach China.

China – Kung-Fu und Coca-Cola

Im Expreß von Hongkong nach Guangzhou, dem früheren Kanton: Ich bin auf dem Weg nach China. In den Wagen der chinesischen Staatsbahn geht es eng zu. In den Gängen türmen sich Kisten und Koffer, Taschen und Netze der chinesischen Mitreisenden. Meine Nachbarin, ein in Ehren ergrautes Mütterchen, dem man schon auf den ersten Blick ein Leben im Reisfeld ansieht, hat zum Transport ihrer Bündel eine Bambusstange im Gepäck. Für Chinesen, die in Hongkong leben, ist die Reise zu ihren Verwandten im Reich der Mitte seit Chinas Öffnung fast schon zur Routine geworden, aber noch immer sind sie mit Geschenken beladen: Radios, Fernseher, Kühlschränke, Jeans, Kameras, Kosmetikartikel – eine Konsumgüterlawine, die Tag für Tag durch den Bambusvorhang rollt.

Unser Zug erreicht Shenzen, erste Station auf chinesischem Gebiet. Nach der Paßkontrolle verläßt eine Gruppe von englischen Technikern den Zug, die Stadt ist für die nächsten sechs Monate ihr neuer Arbeitsplatz. Shenzen, eine Superbaustelle mit Fabrikanlagen, Bürohäusern, Wohnblocks und Läden, ist die größte von vier sogenannten „Sonderwirtschaftszonen", die gegenwärtig im Zug wirtschaftlicher Zusammenarbeit mit dem Westen in Südchina aufgebaut werden.

Steuervorteile und vor allem niedrige Lohnkosten machen Shenzen für ausländische Firmen interessant. „Eine halbe

Milliarde Dollar", erzählt ein mitreisender Geschäftsmann aus Hongkong, „wurde bislang von ausländischen Kapitalanlegern hier investiert, dazu kommen 700 Millionen Dollar von chinesischer Seite; falls dieses Experiment erfolgreich ist, werden in Shenzen im Jahr 2000 über eine Million Menschen leben."

Die Chinesen haben an alles gedacht: Zur Freude ihrer Nachbarn aus Hongkong bauten sie am Rand der Industriezone kurzerhand ein Ferienzentrum für acht Millionen Hongkong-Dollar, das bereits jetzt an Wochenenden von vier- bis fünftausend Besuchern frequentiert wird; ein 10-Millionen-Dollar-Luxushotel befindet sich in der Planung. Als mein Gesprächspartner dann ganz beiläufig erwähnt, er sei Mitglied des Country-Clubs von Shenzen, ist meine Überraschung perfekt. Der Club bietet seinen Mitgliedern Reitsport, Wasserskilauf, Tennis – was will man schon mehr in Rotchina?

Nach drei Stunden Fahrt rollen wir in Kanton ein. Kanton, Verkehrsdrehscheibe von Südchina, mehr Durchgangsstation als großes Reiseziel, ist eine Stadt mit einer, wie es heißt, „glorreichen revolutionären Tradition".

Mit meinen sechs amerikanischen Reisegefährten passiere ich den Zoll; eine Orange aus meinem Gepäck wird von den Kontrollbeamten konfisziert. Dann nimmt uns Herr Su Feng Chou, unser Mann aus Peking, in Empfang. Herr Chou wird uns in den nächsten Wochen begleiten. Außerdem präsentiert man uns einen zusätzlichen Reiseführer für Kanton. „Ordnung muß sein", meint Herr Chou und dirigiert uns in den bereits wartenden Bus.

Unser Hotel, das *White Swan*, liegt auf der Shamian-Insel

im Pearl-River. Ein paar hundert Meter entfernt erkenne ich die ehemaligen Residenzen, deren Pracht schon verblichen ist – die sogenannten „Konzessionen" der europäischen Kaufleute, die Kanton im 19. Jahrhundert zu einem der großen Handelsplätze von Asien machten. In dieser fernöstlichen Kapitale wurden damals – meist illegal – Vermögen gemacht. Der Opiumhandel blühte, 40 000 Dschunken ankerten ganzjährig im Hafen; dem Tai Pan, dem Herrscher über Handelshäuser, fiel alle Macht zu.

Aus meinem Hotelzimmer werfe ich einen Blick auf den Pearl-River. Lastkähne ziehen den Fluß hinauf, Sampans schaukeln in der Strömung, eine leichte Brise bringt Kühlung. Die letzten Sonnenstrahlen verglühen an der Hotelfassade, die tropische Nacht senkt sich über Kanton.

Neben dem Gelände der Kanton-Industriemesse und dem Denkmal für Dr. Sun Yat-sen ist das *White Swan Hotel* zu einer kleinen Attraktion in der Stadt geworden. Chinesische Hotels sind in der Regel schmucklos, ohne aufwendige Fassade. Das *White Swan* tanzt aus der Reihe. Schon beim Betreten der Lobby öffnet sich eine andere Welt: Ein Wasserfall mit Teich, Pavillon, Palmen und Orchideen dienen als Blickfang, dezenter Stereo-Sound im Hintergrund, in den Polstersesseln an der Bar Kantonesen in Begleitung ihrer Mädchen. Einer von ihnen meint ganz ungeniert: „Ja, heutzutage ist das Leben hier in der Stadt im Vergleich zu den Verhältnissen vor sieben, acht Jahren doch viel freizügiger. Damals, als die Viererbande noch am Werk war, hätte ich es mir reiflich überlegt, mit einem Fremden so frei zu sprechen. Und überhaupt, hätte das Hotel damals schon existiert, so wäre es mir doch völlig unmöglich gewesen, hier an der Bar zu sitzen." Dann bestellt er sich ein Bier und macht anschließend mit seiner Kamera – made in Hongkong – von uns ein Abschiedsfoto.

Das *White Swan* ist nach dem Vorbild der Industrieanlagen von Shenzen ein Joint Venture, ein Gemeinschaftsunternehmen zwischen der staatlichen chinesischen Tourismusorganisation CITS und einem Geschäftsmann aus Hongkong. In fünfzehn Jahren, sagt mir der stellvertretende Hoteldirektor, Herr Jia Tien Lin, wird das Eigentum an dem Haus völlig auf CITS übergehen. Nein, vom Hotelfach habe er eigentlich wenig Ahnung, meint Herr Lin auf eine entsprechende Frage. Er komme vom staatlichen Tourismus-Department, und dort sei er nicht lange gefragt worden, ob er den Job nun wolle oder nicht. Ein paar Wochen Training in Hongkong, dann startete Herr Lin in seine neue Karriere.

Shanghai, Industriemetropole Chinas, 8000 Fabriken, 11 Millionen Einwohner – diese Zahlen beeindrucken sogar Larry, meinen Mitreisenden aus Beverly Hills, der an amerikanische Superlative gewöhnt ist. Zwanzig Prozent der Chinesen leben in Städten. Am Beispiel Shanghai zeigt es sich deutlich: Chinesische Großstädte haben nicht mehr das glänzende Dekor früherer Jahre – von Peking abgesehen. Stadtmauern, Tore, Tempel, Pavillons wurden während der Kulturrevolution zerstört, beschädigt oder ihrer Funktion zweckentfremdet. Den Städten fehlt das typisch Chinesische. Breite Boulevards mit Prunkgebäuden sowjetischen Stils wurden in den fünfziger

Jahren angelegt, steril, ohne Ausstrahlung. Die Faszination chinesischer Großstädte besteht heute weniger in ihrer architektonischen Fassade als im täglichen Leben ihrer Bewohner.

Während wir das „Kaufhaus Nummer eins" in der Nanjing-Road ansteuern, rezitiert unsere Begleiterin, Fräulein Sun, nicht etwa Mao – sondern Shakespeare. Dabei schüttelt sie die Verse nur so aus dem Ärmel, als wäre das ein Kinderspiel. Neben Shakespeare verehrt Fräulein Sun klassische Musik und traditionelles Theater. Noch vor ein paar Jahren wäre das, wie sie eingesteht, undenkbar gewesen. „Aber inzwischen", meint sie, „hat sich vieles geändert. Nun, wir wissen, daß wir uns beschränken müssen, daß wir Geduld brauchen, um vorwärtszukommen. Aber wenn wir die Ziele der vier Modernisierungen erreichen, wird es vorangehen."

Die Nanjing-Road, Shanghais große Ladenstraße, ist durchpulst von Menschenströmen, Lärm ist allgegenwärtig, Lärm nicht nur in der Straße, sondern auch in Parks und Wohnblocks. Lärm bedeutet Anonymität, Geborgenheit, Untertauchen in der Menge. Tausende, nein, Zehntausende von Fahrrädern bestimmen das Straßenbild; allein das „Kaufhaus Nummer eins" verkaufte letztes Jahr über 15 000 Fahrräder. „Wer lenkt sie", frage ich, „Shanghais 1,9 Millionen Räder?" „Jedermann", sagt kurz und bündig Fräulein Sun. Ob Arbeiter, Arzt oder Angestellter, in China wird geradelt. Personenwagen sind ausschließlich Partei- und Staatsfunktionären und höheren Offizieren vorbehalten.

Shanghai galt früher als das Paris des Fernen Ostens. Mit dem Ende der Opiumkriege im 19. Jahrhundert etablierten sich

Handelshäuser aus Europa und Amerika in der Stadt. Alles war vorhanden, vieles im Überfluß, es gab teure Restaurants und Nachtclubs, Spielsalons, Opiumkneipen, Oper und Symphonieorchester und Freudenhäuser – Shanghais internationale Gemeinde wußte zu leben. Im Jahr 1949 übernahmen dann die Kommunisten die Macht. „Shanghai", sagt uns ein ehemaliger Industrieller, „wurde unschuldig wie ein Lamm." Dreißigtausend Prostituierten verschaffte man einen neuen Job; in die Bank- und Handelsfilialen am „Bund", jener Straße, die mit ihrer Architektur der Stadt europäische Züge verleiht, zogen Parteibosse und Kulturfunktionäre.

Allmählich kehren jetzt die Farben zurück, tauchen bunte Tupfer in der grau und blau uniformierten Menge auf. Man sucht, manchmal im Schutz der Dunkelheit, Kontakt mit den Fremden, Neugierde überwiegt vor Mißtrauen. Vor allem junge Chinesen sind es, die auf uns zukommen, uns Fragen stellen: „Where do you come from?" – „How long will you stay?" – „How do you like Shanghai?" Kaum jemand, der sich die Chance entgehen lassen will, mit seinen Englischkenntnissen zu brillieren.

Einer in der Menge ist mit Jeans und T-Shirt für chinesische Maßstäbe recht salopp gekleidet, sein Haarschnitt ist original John Travolta. „Sehe ich wie ein Chinese aus?" fragt er mich stolz. „Nicht viele von uns kleiden sich so – man könnte uns ja für Reaktionäre halten! Aber ich tue es trotzdem." Auf mein Kompliment hin ist er hoch erfreut und zieht befriedigt davon.

Besonders bei Studenten kommt in den Gesprächen immer wieder Unmut und Unzufriedenheit, Resignation und Zynis-

Straßencafé – die Einheimischen suchen den Kontakt zu den Fremden, um ihre Englischkenntnisse an den Mann zu bringen

mus zum Ausdruck. Das Regime in Peking sei trotz gewisser Zugeständnisse im Bereich des täglichen Lebens gegen jegliche freie Entfaltung der Persönlichkeit. „Das Leben in China ist wie auf einer Bühne", sagt der Medizinstudent Wang Li. „Wir sind alle Schauspieler und versuchen, unsere Persönlichkeit hinter einer Maske zu verbergen."

Später besuche ich mit Marcia, einer Sinologin aus Kalifornien, die Bar im *Peace-Hotel*. „Für Chinesen und Haustiere verboten", lautete früher der Hinweis auf einer Tafel am Eingang. Die Bar ist inzwischen nur noch für Chinesen tabu.

Trotzdem ist der Laden voll. Unter den Globetrottern aus westlichen Ländern, die China neuerdings auf eigene Faust erkunden, wird die Bar als heißer Tip gehandelt: das Bier ist billig und gut, die Musik stimmt, Informationen über neue Routen und Wege kommen aus erster Hand. Amerikaner, Engländer, Schweizer, Franzosen, Deutsche, aber auch Chinesen aus Hongkong und Singapur gehören zum harten Kern der Kundschaft. „Let's hear it again!" schreit einer aus der Runde. Und der Chinese am Schlagzeug legt ein Solo hin, daß der Viererbande Hören und Sehen vergine. Glenn Miller, Benny Goodman, Songs aus den dreißiger und vierziger Jahren zählen zu den Hits im Repertoire der Band, deren Akteure – alles Herren älteren Jahrgangs – vor 1949 Mitglieder des Symphonieorchesters von Shanghai waren.

„Vor fünf Jahren herrschte hier noch Totenstille", meint Marcia. „Wenn die so weitermachen, gibt es hier demnächst Punk-Rock zu hören."

„Weshalb ist Leuten aus Shanghai der Zugang in die Bar verwehrt?" frage ich später unseren Stadtführer. Der zeigt sich zunächst etwas verlegen, aber auf unser Drängen rückt er schließlich mit der Antwort heraus: „Man befürchtet, daß sich die Chinesen an die Ausländerinnen heranmachen könnten. Andererseits soll aus ideologischen Gründen der Kontakt mit Ausländern auf ein Minimum begrenzt werden, und in dieser Bar würde es natürlich schnell zu solch unerwünschten Kontakten kommen."

*

Mit einer Maschine der staatlichen chinesischen Fluggesellschaft CAAC sind wir von Shanghai nach Guilin geflogen. Guilin, das ist nicht irgendein Ort in China – diese Stadt hat sich in einer der bizarrsten, einer der eigentümlichsten Landschaften der Erde angesiedelt. Schon aus der Ferne, beim Anflug auf Guilin, sahen wir Tausende von steilen Höckern, von überdimensionalen Maulwurfshügeln, die aus dem blauen Dunst der Tiefe ragten.

In diese Versammlung skurriler Erhebungen hat sich Guilin geschoben. Wohin wir in der Stadt auch gehen – Steinriesen und Tropfsteinhöhlen beherrschen das Bild. Sightseeing-Gruppen kommen und gehen; ameisengleich tippeln sie den Pfad zum Pagodenhügel hinauf. Eine Etage tiefer öffnet sich im Licht der Scheinwerfer die Unterwelt der Höhlen und Gewölbe: Tierähnliche Steingebilde, Drachen, Kamele, Löwen, Vögel treten aus ihrer Erstarrung hervor.

Guilin zählt zu den ältesten Städten Chinas, gegründet vor 2200 Jahren. Die ersten Ausländer, es waren portugiesische Seeleute, zogen als Gefangene eines Kaisers aus der Ming-Zeit im Jahr 1550 in die Stadt ein. Als Peking 1664 in die Hände der Mandschus fiel, verlegte der Hofstaat der Ming-Dynastie seinen Sitz nach Guilin und in andere Städte des Süden. Kurz darauf kamen die ersten Missionare. Rund um Guilin, nach chinesischen Begriffen eine Kleinstadt mit 350 000 Einwohnern, liegen Kommunen – Produktionsgemeinschaften –, die Reis, Obst und Gemüse liefern. Das Los der Bauern hat sich in den letzten Jahren erheblich verbessert, nachdem man ihnen mehr Spielraum bei der Bestellung der im Besitz der Kommune

Dorfstraße bei Guilin

befindlichen Felder zugestanden hat. Erzeugnisse, welche über den festgesetzten Produktionsquoten liegen, können auf den freien Märkten, die sich inzwischen in den meisten Städten aufgetan haben, in eigener Regie verkauft werden.

Unser Führer, Herr Chou, drängt zum Aufbruch. Mit der *Tao Hua* verlassen wir den kleinen Hafen von Guilin. Die Bootsfahrt auf dem Li-River flußabwärts nach Yangshuo führt uns mitten hinein in die eigenartige Welt der Kalksteinfelsen, deren Formen ihnen phantasievolle Namen eingebracht haben: Pagodenberg, Phönixberg, Elefantenrüsselberg, Grüner Lotusberg – eine Landschaft, die chinesische Dichter und Maler seit Jahrhunderten inspirierte. Die klotzigen und eleganten, die kleinen, großen, schlanken und massigen Berggestalten der

Fähre auf dem Li-Fluß bei Guilin

klassischen Tuschmalereien werden vor meinem Auge lebendig – Szenen aus einem asiatischen Märchen.

Das Boot gleitet an Feldern und Dörfern vorbei. Manchmal entfalten sich in den zarten Spiegelungen des Flusses Bilder von märchenhafter Beschaulichkeit: Wasserbüffel ziehen den Pflug, Bauern setzen Reispflanzen, Dschunken mit blutroten Segeln kreuzen ruhig auf dem Fluß, Sampans werden von ihren Besatzungen mühevoll dem Ufer entlang flußaufwärts gezogen. Eine Fähre kreuzt den Fluß, Fischer werfen ihre Angeln aus, und mitunter rücken die Steinhügel und Höcker zum Greifen nahe. Seit Jahrhunderten herrscht auf dem Li reger Verkehr. Früher war er Teil eines Flußsystems, das zusammen mit dem nördlich an Guilin vorbeiziehenden Ling-Kanal eine wichtige Verbindung zwischen Zentral- und Südchina herstellte.

In Yangshuo ist Endstation unserer sechsstündigen Schiffsreise. In dem Städtchen hat sich ein florierender Souvenirmarkt aufgetan. Es wird gehandelt und gefeilscht, als wäre das in Yangshuo schon immer so gewesen. Aber die Zeit drängt. Ein Bus wartet zur Rückfahrt nach Guilin. Unterwegs ziehen die grotesken Bergkegel, Zapfen und Zinnen noch einmal vorbei – Gulliver im Land der Riesen.

Im Jahr 221 v. Chr. bestieg Qin Shi Huangdi von der Qin-Dynastie den Kaiserthron. In den folgenden Jahren festigte Huangdi seine Macht und dehnte die Herrschaft über ganz China aus – Huangdi war der erste Kaiser des Großreichs. Huangdi, brutal, hinterhältig, arrogant, führte China mit der

Zerstörung seines Feudalsystems an einen Wendepunkt der Geschichte. Gesetzeswerke wurden schriftlich niedergelegt, für das ganze Land gültige Schriftzeichen, Maße und Gewichte eingeführt, als Schutz gegen die unruhigen Nomadenstämme des Nordwestens wurde die Chinesische Mauer vollendet, es entstand ein Straßen- und Kanalnetz, das teils heute noch besteht.

Der Kaiser kannte keine Gnade. Anhänger der Lehre des Konfuzius, die seinem autoritären Regime kritisch gegenüberstanden, ließ Huangdi niedermachen, und 460 Gelehrte, die sich gegen ihn verschworen hatten, wurden kurzerhand lebendig begraben; ihre Schriften landeten auf dem Scheiterhaufen. „Andererseits", wirft unser chinesischer Führer ein, „gelang es Huangdi, mit revolutionären Methoden China zu einigen; die Schüler des Konfuzius waren in ihrem Gedankengut einfach zu konservativ."

Die Grabstätte Huangdis nahe der Stadt Xian in der Provinz Shaanxi ist für jeden China-Reisenden ein obligatorischer Halt. Bauern haben sie vor zehn Jahren bei Feldarbeiten durch Zufall entdeckt. Die darauf einsetzenden Ausgrabungen brachten jene inzwischen weltberühmte Terracotta-Armee mit lebensgroßen Soldaten, Knechten, Pferden, Streitwagen ans Tageslicht – die gesamte Entourage des Kaisers.

Hunderte von Ton-Soldaten stehen in Reih und Glied, Figuren, die einen sehr lebendigen Eindruck machen, stolz, zuversichtlich und entschlossen, den Kaiser nach dessen Tod mit ihren Schwertern, Lanzen und Bogen zu beschützen. Die Ausgrabungsarbeiten sind noch im Gange, noch immer ragen

Köpfe, Arme, Beine der Tonfiguren in stummer Würde aus dem Lehmboden, und es wird Jahrzehnte in Anspruch nehmen, bis die komplette Armee des Kaisers wieder auf den Beinen steht.

Huangdi überließ nichts dem Zufall. 700 000 Zwangsarbeiter waren seit dem Tag seiner Thronbesteigung 36 Jahre lang mit dem Bau des Grabmals beschäftigt.

Was hätte der Kaiser wohl zu den Shops und Händlern gesagt, die sich hier inzwischen vor den Eingangstoren niedergelassen haben?

Von der Hektik chinesischer Städte ist auf dem Land wenig zu spüren

Xian, Luoyang, Anyang, Kaifeng – Städte in der fruchtbaren Lößlandschaft am Gelben Fluß, einst die Hauptstädte großer Dynastien. Die Quin, die Han, die Wei und Tang regierten von hier das Land. Diese Gegend gilt als die Geburtsstätte der chinesischen Kultur. Kein anderer Fluß in China bestimmte das Schicksal der Menschen nachhaltiger als der Huang-he, dieser gewaltige, über 4500 Kilometer lange Strom, die „Mutter von China", wie er mit einem Anflug von Zärtlichkeit genannt wird.

Unser Hotel in Luoyang ist ein Paradestück russischer Architektur, kahl, kalt, spartanisch möbliert, ein „Geschenk" der Sowjets aus den fünfziger Jahren an ihre chinesischen Genossen. Im Foyer türmen sich die Kofferberge japanischer Reisegruppen – die Touristen aus dem Land der aufgehenden Sonne sind Chinas beste Kunden. Ein Hausboy schleppt die Rucksäcke junger Leute, die China im Alleingang machen. Einer von ihnen, Andrew Philipps aus London, ist seit achtzehn Monaten auf Achse.

„Mann, ich sag dir, Birma, das war ein Hit, dort läuft alles über den schwarzen Markt! Das beginnt schon fünf Schritte nach dem Zoll am Flughafen von Rangun, da hauen dich die Händler an. Ob du's glaubst oder nicht, ich finanzierte meine zehn Tage in Birma mit einer Flasche Scotch, mit einer Stange Zigaretten und einer Zehndollarnote. Ja, Birma, das ist wirklich ein heißer Tip." In China, fährt er fort, müsse man als Einzelreisender wegen der gestaffelten Preise für Ausländer, Chinesen und Studenten (z. B. in Hotels, Restaurants, Zügen) auf der Hut sein. Ohne den Studentenausweis, der in Hongkong billig zu haben ist, geht da gar nichts. „Nun ja, bis jetzt hatte ich Glück, nur wenn ich ohne Kenntnis der Sachlage in Städten landete, die für Ausländer gesperrt waren, wurde die Situation kritisch. Aber letzten Endes gelang es immer, sich mit den Sicherheitsbehörden zu arrangieren und mit dem nächsten Bus oder Zug weiterzufahren." Sein Traumziel wäre Tibet. Wenn er ein Visum bekäme, würde er sogar zu Fuß auf das Dach der Welt laufen (– aber als Einzelreisender hatte man damals kaum eine Chance, die Einreisegenehmigung für Tibet zu erhalten). Seine Hoffnungen liegen jetzt bei den Behörden kleinerer Provinzstädte, wo man mit Ausländerangelegenheiten weniger Erfahrung hat. Als ich ihm erzähle, daß ich bereits 1981 in Tibet war, ist er sprachlos.

Für unseren Larry aus Beverly Hills ist in Luoyang die Welt wieder in Ordnung – endlich ein Hotel mit Kühlschrank, endlich ein eisgekühlter Drink nach den Strapazen des Tages! Und ich glaube, für Larry ist dies einer der Höhepunkte der gesamten China-Tour. Eigentlich gibt es noch einen anderen Grund für unseren Aufenthalt in Luoyang, nämlich die Grotten von Longmen. Die Herrscher der Tang-Dynastie (618–907) zollten in Longmen dem Buddhismus ihren Tribut: In 2000 Sandsteingrotten und -nischen entstanden am Ufer des Yi nicht weniger als 97 000 Statuen: Buddhas, Mönche, Wächter, teils Monumentalplastiken, tausendfach aneinandergereihte Figuren, die über dem Yi-Fluß residieren. Ein Großteil der Plastiken wurde im Lauf der Jahrhunderte schwer beschädigt, um einen Kopf kürzer gemacht – besonders während der Kulturrevolution fielen unermeßliche Werte der Zerstörungs-

Zierwerk am Giebel einer Pagode

wut der Roten Garden zum Opfer –, aber so manches tauchte auch in den Museen des Westens wieder auf.

In Longmen vereinigt sich alle Meisterschaft chinesischer Bildhauerkunst zu einem Werk von kolossaler Ausstrahlung. Aber bei 38 Grad im Schatten ist selbst das milde Lächeln eines Buddhas nur ein schwacher Seelentrost, und die Limonade, die Herr Chou bei der Rückfahrt ins Hotel hervorzaubert, ist für mich ein Geschenk des Himmels.

Anyang, eine Stadt mit etwa 600 000 Einwohnern, liegt abseits der gängigen Touristenrouten; 1982 waren keine hundert Ausländer in der Stadt. Vielleicht, so nehmen wir an, fällt deshalb die Begrüßung durch den lokalen Fremdenführer so zurückhaltend aus. Unbeeindruckt schaukeln wir in unserem Toyota-Minibus durch die Stadt, denken an nichts Besonderes, aber plötzlich ist der Teufel los! Sirenen, Polizei, Menschenansammlungen. Kurz darauf preschen zwei Armeelastwagen mit schwerbewaffnetem Militär heran. Wie sich herausstellt, sind wir mitten in die Fahrtroute eines Exekutionskommandos geraten. Auf den Lastwagen befinden sich Männer in Zivil, die als Todeskandidaten vor weißen, auf die Lkws montierten Pfählen postiert sind, anderen hat man Schilder mit aufgemalten Schriftzeichen um den Hals gehängt. Mehr ist bei dem Höllentempo des Konvois nicht zu erkennen; jedenfalls ist es ein makabres Bild, das noch lange vor uns steht. Es war eine Begegnung, so ist später zu hören, die man uns unter allen Umständen vorenthalten wollte, daher wohl auch die Irritation bei unserer Ankunft. Die Atmosphäre ist gespannt. Einer der uns begleitenden Chinesen im Bus hält, unter einer Tasche verborgen, ständig eine Pistole griffbereit. Ob zu seinem oder zu unserem Schutz – wer weiß es?

Eigentlich waren wir des Museums, der archäologischen Funde wegen nach Anyang gekommen, aber unsere Gedanken beschäftigen sich noch immer mit den Vorgängen auf der Straße. Welche Straftaten wurden diesen Männern vorgeworfen? Weshalb der Gespensterzug durch die Stadt? Fragen, auf die wir keine Antworten erhalten. Erst bei den Königsgräbern aus der Shang-Zeit tauen unsere chinesischen Freunde wieder auf und werden wieder gesprächiger – aber man merkt ihnen an, daß sie über diesen Vorfall nicht mehr reden wollen.

Niemand weiß es genau, aber irgendwo in der Umgebung von Anyang lag Yin, die letzte Hauptstadt der Shang-Dynastie (etwa 1766–1122). Die Shang-Herrscher preschten damals in Streitwagen, wie sie die Römer benutzten, durch die Straßen der Stadt, um auf den Feldern ihre Gefangenen mit Peitschenhieben zur Fronarbeit anzutreiben. „Es gibt hier soviel zu tun", sagt ein Archäologe, „daß man mit den Ausgrabungen in hundert Jahren noch nicht fertig sein wird." Bis jetzt entdeckte man elf Königsgräber. Grabräuber haben sich zwar im Lauf der Jahrhunderte weidlich bedient, aber wie das im Jahr 1976 entdeckte Grab der Königsgemahlin Fu Hao zeigt, entging

In den Pagoden von Shaolin wurden die Mönche beigesetzt

dennoch vieles der Aufmerksamkeit der Plünderer. Fu Hao war eine von 64 Frauen des Königs Wu Ding. In ihrem Grab fand man unter anderem über 400 Bronzegegenstände, 560 Haarnadeln, Hunderte von Jadefiguren und 7000 Muscheln, die als Zahlungsmittel benutzt worden waren.

Der greise Mönch im Kloster Shaolin hat mit seinem Schüler Geduld, große Geduld. Zum wiederholten Mal versucht er dem jungen Mönchskollegen bestimmte, zum Erlernen des Schattenboxens erforderliche Bewegungsabläufe beizubringen, die er in Zeitlupe demonstriert, weil sie so kompliziert sind. Zwischen dem Meister und seinem Schüler sind Ruhe und Gelassenheit zu spüren.

Ich beobachte ein geheimnisvolles, fast mythisches Schauspiel. Wer ist er, dieser Mönch, woher kam er? Wie überlebte er die Kulturrevolution?

Die Gründung des Klosters Shaolin geht auf eine Anordnung des Kaisers Xiao Wen aus dem Jahr 495 zurück. Fünfundzwanzig Jahre später kam der indische Mönch Bodhidharma nach China, wo er im Shaolin-Tempel neun Jahre vor einer Mauer gesessen haben soll. Zur Stärkung seines verfallenen Körpers entwickelte er eine Meditationsschule, auf deren Regeln der in Japan weitverbreitete Zen-Buddhismus beruht. Die Mönche der Zen-Sekte blieben trotz jahrelanger Verfolgung immer aktiv. Im Gegensatz zu Anhängern anderer Glaubensrichtungen wurden sie von den chinesischen Behörden nicht des Parasitentums verdächtigt, da sie von ihrem Abt zur täglichen Arbeit in den Feldern verpflichtet wurden.

Darsteller eines Kung-Fu-Films – kein Kino in China ohne Kung-Fu!

Ein wichtiges Element der Meditationsübungen von Bodhidharma ist die Technik des Schattenboxens. In unseren Tagen eroberte Schattenboxen unter dem Schlagwort Kung-Fu die Welt. Der Legende nach sollen dreizehn Shaolin-Mönche mit ihrer Kung-Fu-Technik einen Kaiser der Tang vor den Händen der Rebellen gerettet haben; vierzig andere löschten eine Bande japanischer Piraten aus.

Kung-Fu feiert derzeit Triumphe, kein Kino in China ohne Kung-Fu. Streifen wie „Shaolin Brothers" und „Wulin Zhi – im Wald der Kämpfer" sind Kassenschlager, vom Publikum kommt Beifall auf offener Szene. Auch uns bleibt als Abendunterhaltung keine andere Wahl als Kung-Fu. „Die Hauptdarstellerin Ge Chunyan", heißt es in einem Werbetext zu unserem Film, „ist eine Tigerin in Menschengestalt, so wie sie ihre wilden Sprünge und schmetternden Hiebe auf der Leinwand verteilt, hätte auch die historische Heldin nicht besser kämpfen können."

Im Kloster von Shaolin dreht ein Kamerateam aus Hongkong mit chinesischen Kung-Fu-Akteuren; nur der greise Mönch nimmt von dem Filmspektakel kaum Notiz.

Shaolin spielt heute als Kloster keine Rolle mehr. Aber noch immer ahnt man in den Tempeln, Hallen und Pavillons den Klang von Mönchsgesängen und einstiger Größe.

Darjeeling – Teatime am Fuß des Himalaja

Ich friere. Der Wind bläst, und Nebel umhüllen die Hügel von Darjeeling. Aber plötzlich reißt die Wolkendecke auf, und strahlend zeigt sich der große Berg. Dem Tal entsteigend, himmelstrebend, 8598 Meter hoch: Kangchendzönga, dritthöchster Berg der Erde, ein Ziel ewiger Bergsteigersehnsucht. Dieser Gipfel zieht unwiderstehlich alle Blicke auf sich, ein sammelnder und ausstrahlender Meditationspunkt; er teilt die Nähe und Ferne, er ordnet die Welt.

Ich stehe hier oben und schaue. Unten die Häuser von Darjeeling, reihenweise den Hang hinaufgestaffelt. Vom Lärm der Stadt ist hier nichts mehr zu hören. Der Berg am Horizont beherrscht alles. Hoch über der Ebene Gipfel, Grate, Eisbrüche und Eisströme. Dann schließt sich der Wolkenvorhang, ein paar Augenblicke noch sind die Konturen von Fels und Eis deutlich zu sehen, dann verwischen sie sich, verschwinden.

Bei meinen Reisen in den Himalaja-Regionen kam ich durch Nepal, Tibet, Ladakh, Sikkim – aber diese großartige Gipfelschau gehört zum Eindruckvollsten, was sich dem Auge am Dach der Welt bietet. Eines Tages werde ich nach Darjeeling zurückkehren, um diese Berge nochmals zu bewundern.

Seine einmalige Lage im Vorgebirge des Himalaja machten

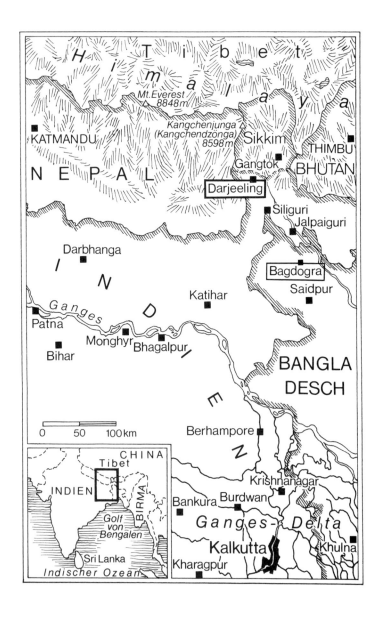

Darjeeling schon vor hundert Jahren zur ungekrönten „Queen of the Hills". Die britischen Kolonialherren in Indien hatten die Vorzüge von Darjeeling früh erkannt. Bis 1816 gehörte Darjeeling zu Nepal, dann fiel es unter die Kontrolle von Sikkim. Aber die Engländer standen bereits vor der Tür. Auf „Drängen" von General Lloyd überließ 1935 König Sikkimputti den 24 Meilen langen Gebietsstreifen von Darjeeling der britischen Krone – „as a mark of friendship" – „als Zeichen der Freundschaft", wie es damals hieß. Und dann war es nur noch eine Frage der Zeit, bis Darjeeling vom bettelarmen Bergnest zur fashionablen englischen Sommerfrische aufstieg. „Hill Stations" nannten die Engländer ihre Quartiere, ihre Stützpunkte im Vorgebirge des Himalaja, die sie während der Sommerzeit als Zuflucht vor der triefenden Hitze des indischen Subkontinents aufsuchten. Verwaltung, Militär, Dienerschaft, Kind und Kegel, alles marschierte nach guter Tradition in die Hügel, in die Hills. Der jährliche Aufbruch nach Darjeeling, nach Simla, Mussourie und Naini Tal war schließlich eine richtige Institution, ein fester Bestandteil des britischen „Way of Life" in Indien.

Der Weg nach Darjeeling war für die Briten weit und strapaziös. Mit Sänfte, Rischka und Pony zogen sie los. Die Straße von Kalkutta nordwärts war nur bis Siliguri am Fuß der Vorberge ausgebaut. Mit den Jahren wurden die Transportmittel zwar bequemer, aber ein kleines Abenteuer ist die Reise nach Darjeeling auch noch im Raumfahrtzeitalter. Spätestens am Flugplatz von Bagdogra in West-Bengalen, wo ich mit einer Boeing 737, von Delhi kommend, landete, ist es mit der

Gemütlichkeit vorbei: Ich lege mein Schicksal in die Hände eines tibetischen Taxifahrers und hoffe auf Buddhas Beistand. Denn wie sich Augenblicke später herausstellt, sind diese Taxichauffeure felsenfest davon überzeugt, ungekrönte Formel-eins-Piloten zu sein.

Die Straße nach Norden verläuft zunächst schnurgerade durch einen wahren Garten tropischer Fruchtbarkeit. Reis- und Teeplantagen, Palmenwälder säumen den Weg, grüne Hügelketten säumen den Horizont. Allmählich kommen wir in das Terai, in den Regenwald. Der Dschungel, ein aufgetürmtes, grünes Chaos: riesige Baumstämme, Farne beugen sich über die schmale Fahrbahn, Lianen hängen herab.

Parallel zur Straße schlängeln sich die Schienen der „Darjeeling Himalayan Railroad": eine Schmalspurbahn, in den siebziger Jahren des letzten Jahrhunderts von den Engländern gebaut, mehr Spielzeug als Eisenbahn, Höchstgeschwindigkeit 15 Kilometer pro Stunde. Volle acht Stunden dauert die Bahnfahrt in das achtzig Kilometer entfernte Darjeeling – falls der Lok wegen Überlastung nicht vorzeitig der Dampf ausgeht und die Passagiere dann gezwungen sind, selbst anzuschieben. 1. Klasse umgerechnet 18 Mark, 2. Klasse 2,50 Mark. Vor fünfzig, sechzig Jahren war das noch eine aufregende Sache. Damals blockierten Tiger und Elefanten gelegentlich die Bahnstrecke – aber der Dschungelfahrplan war flexibel. Der „Toy Train", wie die Bahn liebevoll genannt wird, ist längst museumsreif; daß sie überhaupt ins Ziel kommt, ist wohl eines der Sieben Wunder von West-Bengalen.

Die Bahn ist in das tägliche Leben der Menschen, die sich

entlang der Trasse angesiedelt haben, völlig integriert. Nur ein paar Zentimeter trennen Zug und Häuserfassaden, und vom Trittbrett ist es nur ein Schritt ins nächste Wohnzimmer. An der Station Sonada ergibt sich die Gelegenheit, sich im Zug kurz umzuschauen. In die Abteile der vier Waggons drängen sich Händler, Bauern, Mönche, Mütter, Schulkinder – ein ständiges Kommen und Gehen von Passagieren. Die einen fahren ein paar hundert Meter mit und springen dann vom Zug, andere fahren bis hinauf nach Darjeeling.

In Schleifen und Schlingen windet sich die Straße bergwärts. Der Urwald lichtet sich. Häuser kleben am Hang, Gebetsfahnen bringen die Botschaft der Gläubigen zu den Göttern; hier in den Bergen wird der tibetische Buddhismus praktiziert. Märkte, Klosteranlagen, Chörten – tibetische Grabmäler – säumen die Straße, auf der ständig Hochbetrieb herrscht: Busse, Jeeps, Lastwagen, beladen mit Menschen, meist überladen, donnern an uns vorbei, inszenieren haarsträubende Überholmanöver in den Kurven. Der Rhythmus Vollgas–Stoßgebet–Vollbremsung geht mir allmählich in Fleisch und Blut über. „Blow your horn at every bend" – „Hupen vor jeder Kurve", mahnen Schilder am Straßenrand, dazu als Variante die Aufforderung „Go steady and enjoy natural beauty" – „Langsam fahren, die Landschaft genießen!" Aber auf solche Slogans gibt hier keiner eine Rupie.

Weiter – beinahe hätten wir unsere Rast in einer Teestube zu lange ausgedehnt. Kilometer 64, Kilometer 65, bei Kilometer 66 lupft es den Wagen von der Straße – Achsenbruch! Eine schlimme Geschichte, aber den Fahrer scheint das nicht sonders zu beeindrucken. „No problem", meint er kurz und bündig, krempelt sich die Ärmel hoch und prüft nochmals die Lage. Sämtliche Ersatzteile liegen griffbereit im Kofferraum. Zwischenfälle dieser Art sind anscheinend einkalkuliert. Kein Wunder, bei dieser Fahrweise! Und siehe da – was ich für völlig unmöglich hielt –, innerhalb von zwei Stunden hat der Tibeter das Vehikel wieder zusammengeflickt, und es geht im gleichen Tempo weiter!

Wir passieren Ghum, die letzte Ortschaft vor Darjeeling. Die Straße erreicht hier ihren höchsten Punkt. 2200 Meter – großartig der Ausblick auf Täler und Hügelketten! In der Ferne sind die lichtschäumenden Eisflanken des Kangchendzönga in den Horizont gestellt.

Zwei Drittel der Bevölkerung von Darjeeling sind Nepalesen, aber das Straßenbild wird von den indischen Feriengästen beherrscht. Während der Hochsaison im Mai und Juni gehört Darjeeling den wohlhabenden Familien aus Delhi, Bombay, Kalkutta, Madras – die Fremdenbetten der Stadt sind um diese Zeit ausgebucht. Die Ferien in den Bergen sind allerdings auf einen Personenkreis beschränkt, der weniger als ein Prozent der 700 Millionen zählenden Gesamtbevölkerung von Indien ausmacht. Für den Durchschnittsinder ist Urlaub Utopie.

Im besten Sonntagsstaat, angetan mit farbenprächtigen Saris und eleganten Punjabi-Gewändern, flanieren die indischen Urlauber durch die Stadt, schaukeln mit Ponys und Geländewagen in Kolonnen zum Sightseeing; die eifrigsten fahren noch während der Nacht im Jeep hinauf zum Tiger Hill, um dort in andächtiger Geschlossenheit den Sonnenaufgang

Darjeeling: eine Stadt in den Vorbergen des Himalaja

über dem Himalaja zu verfolgen.

In Delhi sprach ich mit einem indischen Geschäftsmann, der seit sechzehn Jahren mit seiner Familie im Sommer nach Darjeeling zieht. „Nun ja", meint er, „das verdanken wir alles den Engländern. Ohne die gäbe es kein Darjeeling, keine Eisenbahn, keine Straßen; Indien wäre ein Habenichts."

Viktorianische Fassaden, Pferderennbahn, englische Missionsschulen, five-o-clock tea in den Hotels – Darjeeling weckt noch immer Erinnerungen an die Kolonialzeit. Für die Mitglieder einer englischen Reisegruppe, die mir bei einem Stadtrundgang Gesellschaft leisten, immer wieder Anlaß, von einer

„marvellous atmosphere", einer „wunderbaren Atmosphäre", und vom „charm of the old days", vom „Charme der vergangenen Zeiten", zu schwärmen. Auch wenn der Glanz verblichen ist, die Patina abblättert, so scheint es doch, als habe man hier in den Bergen ein engeres Verhältnis zu bestimmten Werten und Traditionen. Überhaupt, die Engländer! Indien ist dieser Tage für die Bewohner vom fernen Inselreich das Reiseziel schlechthin, Engländer liefen mir landauf, landab über den Weg – der Regisseur Richard Attenborough brachte mit seinem Gandhi-Film eine britische Touristenlawine ins Rollen.

Früher war Darjeeling ein Rastplatz für Händler, die mit ihren Waren von Indien nach Tibet zogen, jedoch wurden mit dem Einmarsch der Chinesen die Grenzen von Tibet vor fünfundzwanzig Jahren geschlossen. Bei meinem Gang durch den Basar gewinne ich jedoch den Eindruck, als habe der Basar von Darjeeling nichts von seinem turbulenten Leben und Treiben eingebüßt. Der Basar ist der große Treffpunkt für die Händler aus Rajasthan und Nepal, für tibetische Flüchtlinge und Leute aus Sikkim und Bhutan. Die Straßen und Gassen sind voll Menschen, ein buntes, ein bizarres Bild. Es wird gehandelt und gefeilscht, alles ist vorrätig: Saris und Seide, Gewürze und Gemüse, Schnitzereien aus Yakknochen, daneben der „Licensed Vendor for Ganja & Chang". Zehn Gramm Ganja für umgerechnet 75 Pfennig. Ganja, zu deutsch: Marihuana. Aber von den Guru-Freaks aus Europa, die sich dem Stoff verschrieben haben und in Horden in Indien einfallen, ist hier nichts zu sehen – und die wären, wie man mir erklärte, in Darjeeling auch nicht willkommen.

Ein Blick auf die Fremden in den Straßen von Darjeeling

Natürlich gibt es im Basar auch Tee, den Markenartikel von Darjeeling. Elf Millionen Kilo Tee produzieren jährlich die siebenundzwanzig Plantagen im Umkreis der Stadt. Man trinkt Tee im kleinen Landgasthaus, im tibetischen Restaurant oder im nepalesischen Tea-Room; auch der rotbefrackte Kellner im *Everest-Hotel* serviert mir zum Dinner Tee. Das *Everest-Hotel* ist ein Begriff für Darjeeling. 1915 wurde das Haus von Mr. Stevens, einem Hotelier aus Kalkutta, mit einem Gala-Empfang eröffnet. „One of the grandest and most up-to-date hotels in the orient" – „eines der modernsten Hotels im Orient", hieß es damals. Inzwischen hat man die turm- und zinnenbesetzte Ritterburg entrümpelt und mit der Renovierung begonnen – aber der Portier, der könnte noch immer geradewegs einem Roman von Kipling entsprungen sein.

Darjeeling breitet sich terrassenförmig über das Hügelland. Vom Basar steige ich hinauf zu einem kleinen Boulevard, auf dem bis in die Abendstunden die halbe Stadt promeniert. Tibetanische Straßenhändler führen hier das große Wort; ihr Angebot reicht von Kleidern, Stoffen, Schuhwerk bis zum Butterlämpchen. Die Tibeter sind clevere Geschäftsleute, den tüchtigen Händlern aus Rajasthan zumindest ebenbürtig. Darjeeling war 1959 das Ziel vieler tibetischer Flüchtlinge, die im Gefolge des Dalai Lama Indien erreichten und sich unter schwierigen Bedingungen eine neue Existenz aufbauten.

Als ich einem Mann aus Lhasa von meinem tibetischen Hündchen erzähle, hört er aufmerksam zu und führt mich anschließend zu der etwas außerhalb der Stadt gelegenen Tibetersiedlung. Unterwegs kommen wir auf seine Heimat zu sprechen. Letztes Jahr, erzählt mein Führer, hat er Verwandte in Lhasa besucht. „Aber die Menschen in Tibet sind nicht frei. Die Klöster sind zerstört, die Mönche vertrieben; gewisse Fortschritte gibt es nur dort, wo man Touristen aus dem Westen hinführt."

Von der Möglichkeit, über Nepal nach Tibet zu reisen, machen nur wenige Gebrauch, denn mit dem Antrag auf ein Besuchervisum würden die Tibeter die chinesischen Hoheitsrechte über ihr Land akzeptieren. „Wenn es jedoch der Dalai Lama wünscht", so mein Begleiter, „werden wir nach Tibet zurückkehren."

Die Tibetersiedlung wurde von der Schwester des Dalai

Buddhistischer Mönch aus Tibet in der Flüchtlingssiedlung von Darjeeling

Lama vor fünfundzwanzig Jahren gegründet. Der Verwalter führt uns durch Schule, Kloster und Krankenstation. Hier leben sechshundert Flüchtlinge, die sich mit der Herstellung von tibetischen Teppichen, Stoffen, Kleidungsstücken und Schnitzereien beschäftigen. Exporte gehen inzwischen in sechsunddreißig Länder. „Wir versuchen hier, das tibetische Kunsthandwerk am Leben zu erhalten", meint der Leiter der Siedlung. „Bislang konnten wir eintausendfünfhundert Personen ausbilden; davon machten sich inzwischen etwa eintausend selbständig."

Der populärste Tibeter von Darjeeling war Norgay Tenzing, in aller Welt berühmt geworden durch seine mit Hillary durchgeführte Erstbesteigung des Mt. Everest. Er verbrachte seine letzten Jahre in Darjeeling und war mit siebzig immer noch aktiv; er führte Trekking-Gruppen zum Everest, nach Sikkim und Bhutan. Vor einigen Jahren war ich mit Tenzing nach Tibet gereist. Damals sprach er oft von Darjeeling und bestärkte mich in meinem Wunsch, eines Tages seine Heimat zu besuchen. Eine Reise, die sich gelohnt hat!

Reisetips

USA, Taos

Anreise: Ausgangspunkt ist Albuquerque/New Mexico. Nach Albuquerque gelangt man von New York aus ohne Transfer mit Eastern Airlines und TWA. Von Albuquerque aus fährt man mit einem Mietwagen oder dem Trailway-Bus nach Taos. Die Fahrzeit beträgt ca. 2½ Stunden. Billigflüge in die USA kosten von der BRD aus zwischen ca. DM 850,– (nach New York) und DM 1400,– (an die Westküste). Stand-by-Flüge ab London sind manchmal noch billiger, jedoch nicht buchbar, insofern bergen sie ein gewisses Risiko. Die US-amerikanische Fluglinie „People's Express" bietet sehr günstige Flüge von Brüssel nach Denver. Der Anschlußflug von Denver nach Albuquerque beträgt ca. $ 70.

Höhenlage des Skigebiets 2700 bis 3600 Meter; 62 Abfahrten, 8 Aufzüge.

Die *Ausrüstung* kann im Skigebiet gemietet werden.

Günstigste Reisezeit: Dezember bis einschließlich März.

Reisedokumente: Paß mit Visum, Internationaler Führerschein, u. U. Internationaler Studentenausweis.

Veranstalter von Pauschalreisen:

aero-ski + surf Reisen, Falkensteiner Str. 40d, 6380 Bad Homburg, Tel. (0 61 72) 3 50 86.

Reisebüro EEST, Grottenau 6, 8900 Augsburg, Tel. (08 21) 15 10 66.

USA, Jackson Hole

Anreise: Ausgangspunkt ist Denver/Colorado. Die PanAm fliegt ab München, Frankfurt und Zürich. Die günstigsten Anschlußverbindungen gibt es ab New York. Mit „People's Express" von Brüssel nach Denver, von dort Weiterflug nach Jackson mit Frontier Airlines.

Höhenlage des Skigebiets 1845 bis 3145 Meter, 46 Abfahrten, 7 Aufzüge.

Veranstalter von Pauschalreisen:
aero-ski + surf Reisen, Falkensteiner Str. 40d, 6380 Bad Homburg, Tel. (0 61 72) 3 50 86.
Reisebüro EEST, Grottenau 6, 8900 Augsburg, Tel. (08 21) 15 10 66.
Zwei Wochen Ski-USA werden einschließlich Flug (American Airlines) ab 3700,– DM angeboten.

Alle weiteren Angaben siehe „Taos".

Kanada, Helicopter-skiing

Anreise: Für die Helicopter-Skigebiete in den Bugaboos, Bobbie Burns, Monashees, Selkirks und Purcells über Calgary-Banff, für die Cariboos über Edmonton.

Der einzige Anbieter von *Pauschalreisen* zum Helicopterskiing in der BRD ist zur Zeit:
aero-ski + surf Reisen, Falkensteiner Str. 40d, 6380 Bad Homburg, Tel. (0 61 72) 3 50 86.

Eine Woche Heli-skiing wird einschließlich Flug und Helikopter ab ca. DM 4000,– angeboten. Diese ausgefallene Sportart ist allerdings nur geübten Tiefschneefahrern zu empfehlen.

Billigflüge ab München werden zur kanadischen Ostküste bereits um DM 1250,–, zur Westküste um DM 1600,– angeboten.

Informationen über andere preiswerte Flüge sind bei Globetrotter-Reisebüros erhältlich.

Günstige Reisezeit: Januar bis einschließlich April.

Reisedokumente: Für BRD-Bürger genügt ein gültiger Reisepaß mit Rückflugticket.

USA, Alaska

Anreise: Mit British Airways, Lufthansa oder PanAm nach Anchorage, von dort mit Alaska Airlines nach Fairbanks. Von München nach Fairbanks kommt man mit dem Holiday-Tarif der Lufthansa für zwischen 2300,– DM und 2500,– DM. Von Fairbanks mit Frontier nach Kaktovik und weiter mit Walt-Audi Air-Service zum Hulahula-River.

Billige Flüge nach Anchorage sucht man am besten in den einschlägigen Reisebüros. Die günstigste Möglichkeit wäre, mit Charter nach New York zu fliegen (ca. 1200,– DM) und von dort für etwa 600,– DM (abhängig vom Dollarkurs) mit einem Greyhound-Bus nach Fairbanks zu fahren. Die Busreise dauert allerdings 14 Tage!

Schneller geht es über Vancouver (Kanada) für ca. 1800,– DM und mit Bus weiter nach Alaska.

Will man in Alaska auf eigene Faust reisen, so fliegt man im Land mit der Wien Air Alaska, 4100 International Airport Road, Anchorage, AK 99502 (billigste Inlandflüge).

Alaska ist insgesamt recht teuer. Die Eisenbahn kostet wie überall in den USA ziemlich viel. Bus ist dagegen günstiger.

Trampen ist in Alaska gut möglich, doch gibt es leider nicht viele Straßen. Karte studieren!

Veranstalter von Wildwasserfahrten auf dem Hulahula:
Sobek-Expeditions, P. O. Box 7007, Angels Camp, Kalifornien, 95222
und
Alaska River Expeditions, 887 First Avenue, Salt Lake City, Utah, 84103.

Der Preis für eine 14tägige Floßexpedition liegt bei rund 2500,– Dollar mit Flug ab Anchorage.

Ausrüstung: Daunenanorak, Windjacke, Überhose, Bergschuhe, Gummistiefel, Thermo-Unterwäsche, Moskitospray, Campingartikel, wollene Gesichtsmaske und Gletscherbrille gegen Schneeblindheit.

Günstige Reisezeit: Juli und August.

Reisedokumente: Wie überall in den USA wird ein Paß mit Visum verlangt.

Arktis-Kreuzfahrt

Das ist nur etwas für Leute mit gepolsterter Geldtasche. Die *Lindblad Explorer* (2500 BRT, 50 Außenkabinen) unternimmt im Juli und August regelmäßig Studienexpeditionen in die grönländische und kanadische Arktis. Der Preis der etwa vierwöchigen Expeditionsfahrten liegt je nach Kabinenkategorie zwischen 7000 und 15 000 Mark. Auslaufhafen ist Reykjavik/Island, Zielpunkt Halifax/Kanada.

Veranstalter:
Salen-Lindblad-Cruises, 133 East, 55th Street, New York, N. Y. 10022. Tel. 001-(212)-75-1-2300.
In Deutschland zu buchen bei C. Wiechmann, Droysenstr. 4, 6000 Frankfurt, Tel. (06 11) 44 60 02.

Kleidung: Daunenanorak, Überhose, Thermo-Unterwäsche, Gummistiefel.

Reisedokumente: Paß.

Kanada, Eisbrecher
Eisbrecher sind kein öffentliches Verkehrsmittel, daher sind Fahrten für Zivilpersonen mit diesen Schiffen unmöglich. Man kann jedoch Baffin Island in der kanadischen Arktis, speziell Nanisivik, Frobisher, Pond Inlet und Pangnirtung mit dem Flugzeug (Nordair) von Montreal aus erreichen; Preis für Hin- und Rückflug rund DM 2200,–. In den genannten Orten gibt es Übernachtungsmöglichkeiten in kleinen Hotels, Preis zwischen DM 150,– und 220,– pro Nacht. In Fond Inlet und Pangnirtung hat man die Möglichkeit zum Fischfang mit Eskimos; Charter von Flugzeugen in den genannten Orten.

Kleidung: wie bei „Alaska" angegeben.

Günstigste Reisezeit: Juli bis Mitte September.

Reisedokumente: Für BRD-Bürger genügt ein gültiger Reisepaß mit Rückflugticket.

Oman
Anreise: Mit British Airways oder Gulf Air über London nach Muskat. Die KLM fliegt die Strecke Amsterdam-Muskat.

Die Einreise nach Oman ist nur über einen omanischen Sponsor möglich. Das Visitor's Permit kann nur vom Land Oman selbst aus beantragt werden.

Mietwagenverleih in Muskat; für die Strecke Muskat-Salalah ist eine polizeiliche Genehmigung erforderlich.

Ein Flug von Frankfurt aus kostet ca. DM 2500,–.

Günstigste Reisezeit: Oktober bis einschließlich April. Im Sommer herrscht eine Hitze von über 40 Grad.

Einreisedokument: Paß mit Visum (Visitor's Permit).

Sri Lanka (Ceylon)
Anreise: Mit diversen Charterfluggesellschaften ab Frankfurt oder München nach Colombo. Hin- und Rückflug ist bereits zwischen 1570,– DM und 1670,– DM erhältlich.

Alle großen Reiseveranstalter in Deutschland, Österreich und der Schweiz bieten Pauschalreisen nach Sri Lanka an. Für eine Katamaranfahrt muß man mit den Fischern in Negombo verhandeln, eventuell nach Mark Anthony Peries fragen.

Reisedokumente: Für Bürger der BRD ist kein Visum nötig, wenn man mit einem noch sechs Monate gültigen Paß einreist, ein Rück- bzw. Weiterflugticket vorweisen kann und genügend Geld bei sich hat, um seinen Aufenthalt im Land zu finanzieren. Bei der Ankunft erhält man dann einen Sichtvermerk für einen 30tägigen Aufenthalt, der jedoch im Land verlängert werden kann.

Impfungen: Choleraimpfung wird empfohlen.
Über die nötige Malaria- und Typhusprophylaxe sowie sonstige Gesundheitsrisiken beraten Tropenärzte und die Tropeninstitute.

Reisezeit: Für Katamaranfahrten entlang der Westküste von Sri Lanka sind die Monate Oktober bis einschließlich Februar günstig.

China
Anreise: Die meisten China-Reisen beginnen in Hongkong. Anreise mit Lufthansa, Thai-International oder British Airways. Ab Frankfurt und München werden aber auch Flüge nach Beijing (Peking) ab 2600,– DM und nach Hongkong ab 1820,– DM angeboten. Globetrotter-Reisebüros vermitteln auch günstige Angebote, z. B. mit der Aeroflot.

Von Hongkong aus unternimmt man die Einreise nach China mit Zug, Flugzeug, Bus oder Boot. Mehrere Reiseveranstalter wie DER, Airtours, Kuoni oder Marco Polo haben Pauschalreisen nach China im Programm. Die Preise der zwei- bis vierwöchigen Rundreisen liegen zwischen etwa 5000 und 10 000 DM.

Man kann aber auch über Moskau mit der Transsibirischen Eisenbahn nach China einreisen – falls man soviel Zeit hat.

Günstigste Reisezeit: Dieses riesengroße Land unterteilt sich in die verschiedensten Klimazonen. Die angenehmste Reisezeit ist der Herbst, wenn es im Norden warm und im Süden nicht so schwül ist. Die Winter können sehr kalt sein.

Reisedokumente: Paß, Visum; genauere Auskünfte erteilt das Konsulat oder die Botschaft.

In Hongkong bekommt man innerhalb von 48 Stunden ein Visum nach China.

Darjeeling, Indien
Anreise: Mit British Airways, Lufthansa oder Air India nach Delhi; von dort mit Indian Airlines weiter nach Bagdogra. Von Bagdogra mit Taxi, Bus oder Bahn nach Darjeeling.
Flüge ab München kosten zwischen 1550,– DM und 1900,– DM.

Veranstalter von Pauschalreisen: Airtours und Marco-Polo-Reisen haben im Rahmen von Indien-Rundreisen Darjeeling im Programm. Der Reisepreis für zwei bis drei Wochen beträgt zwischen 7000,– DM und 8000,– DM.

Günstigste Reisezeit: Frühling und Herbst.

Reisedokumente: Paß mit Visum für Indien; für Darjeeling ist ein spezielles Permit erforderlich, das am Flughafen von Bagdogra erhältlich ist.

Gesundheit: Über Malariaprophylaxe und Choleraimpfung informieren Tropenärzte und Tropeninstitute. Auch über eine Hepatitis-A-Prophylaxe sollte man Erkundigungen einholen.

Adressen von deutschen tropenmedizinischen Instituten
Berlin: Landesimpfanstalt mit tropenmedizinischer Beratungsstelle, Ansbacher Str. 5, 1000 Berlin 30, Tel. (0 30) 21 22 24 63 und 21 22 27 56
Robert-Koch-Institut des Bundesgesundheitsamtes, Nordufer 20, 1000 Berlin 65, Tel. (0 30) 4 50 31

Bonn:	Institut für Medizinische Parasitologie der Universität, Sigmund-Freud-Str. 25, 5300 Bonn 1, Tel. (02 28) 19 26 73
Hamburg:	Bernhard-Nocht-Institut für Schiffs- und Tropenkrankheiten, Bernhard-Nocht-Str. 74, 2000 Hamburg 4, Tel. (0 40) 31 10 21
Heidelberg:	Institut für Tropenhygiene und öffentliches Gesundheitswesen am Südasien-Institut der Universität, Im Neuheimer Feld 324, 6900 Heidelberg 1, Tel. (0 62 21) 56 29 05
München:	Tropeninstitut der Universität München, Leopoldstr. 5, 8000 München 40, Tel. (0 89) 33 33 22
Tübingen:	Tropenmedizinisches Institut der Universität, Wilhelmstr. 31, 7400 Tübingen 1, Tel. (0 70 71) 29 23 65
	Tropenheim Paul-Lechner-Krankenhaus, Paul-Lechner-Str. 24, 7400 Tübingen 1, Tel. (0 70 71) 2 06-0
Würzburg:	Missionsärztliche Klinik der katholischen Mission, Salvatorstr. 7, 8700 Würzburg, Tel. (09 31) 80 91

Adressen von Karten- und Reisebuchhandlungen
Wer keine gutsortierte Buchhandlung in der Nähe hat, kann Reiseführer und Landkarten auch bestellen, z. B. bei:
Buchhandlung Kiepert, Hardenbergstr. 4–5, 1000 Berlin 12, Tel. (0 30) 31 07 11
Buchhandlung Goetze, Hermannstr. 7, 2000 Hamburg 1, Tel. (0 40) 32 24 77

Buchhandlung Gleumes & Co., Hohenstaufenring 47–51, 5000 Köln, Tel. (02 21) 21 15 50

Geographische Buchhandlung, Rosental 6, 8000 München 2, Tel. (0 89) 26 50 30

Geo Center, Internationales Landkartenhaus, Honigwiesenstr. 25, 7000 Stuttgart 80, Tel. (07 11) 73 50 31

Einige Läden mit Expeditionsausrüstung
(Hier kann man auch Kataloge anfordern)

Globetrotter- und Expeditionsausrüstung, Weiserstr. 34, 1000 Berlin 31, Tel. (0 30) 6 21 75 59

Globetrotter-Service, Konstanzer Str. 50, 1000 Berlin 31, Tel. (0 30) 87 11 54

Globetrotter-Ausrüstung, Wandsbeker Chaussee 41, 2000 Hamburg 76, Tel. (0 40) 2 50 44 03

Trans Globe, Weyerstr. 33, 5000 Köln 1, Tel. (02 21) 23 93 98

Sine GmbH, Homburger Str. 26, 6000 Frankfurt/Main 90, Tel. (06 11) 77 77 23

Äquator GmbH, Hohenzollernstr. 93, 8000 München 40, Tel. (0 89) 2 71 13 50

Lauche & Maas, Alte Allee 28a, 8000 München 60, Tel. (0 89) 88 07 05

Därr Expeditions-Service, Theresienstr. 66, 8000 München 60, Tel. (0 89) 28 20 32

Veröffentlichungen für Reisen in die dritte Welt

Für Reisen in die dritte Welt sollte man nicht versäumen, den „Touristen-Kompaß" anzufordern, den das Bundesministerium für wirtschaftliche Zusammenarbeit herausgegeben hat.

Zu bestellen bei:
Information/Bildungsarbeit
Postfach 12 03 22
5300 Bonn 1

Weitere gute und lesenswerte Informationen hat der Studienkreis für Tourismus herausgegeben. Die einzelnen Länder behandelnden „Sympathie-Magazine" sind dort gegen eine Voreinsendung von DM 2,50 in Briefmarken zu beziehen:
Studienkreis für Tourismus e.V.
Dampfschiffstr. 2
8130 Starnberg

(Stand: Dezember 1986)

In dieser Reihe sind erschienen:
Aubert/Müller, Panamericana
Cerny, Von Senegal nach Kenia
Coquet, Kolibris und Krokodile
Crane, Kilimandscharo per Rad
Cropp, Alaska-Fieber
Cropp, Im Herzen des Regenwaldes
Cropp, Schwarze Trommeln
De Colombel, Der siegreiche Berg
Deglmann-Schwarz, Traum-Trips
Deglmann-Schwarz, Zwischen Monsun und Mitternachtssonne
De Roos, Segeln in der Arktis
Dodwell, Durch China
Dodwell, Globetrotter-Handbuch
Dodwell, Im Land der Paradiesvögel
Engels, Haie!
Franceschi, Vier Männer gegen den Dschungel
Gallei/Hermsdorf, Blockhaus-Leben
Harder/Müller-Esterl, Annapurna I
Hermann, Heiße Tour Afrika
Hermann, Von Thailand nach Tahiti
Höppner, Cowboys der Wüste
Jeier, Am Ende der Welt
Jenkins, Das andere Amerika
Jones, Sturzfahrt vom Everest
Keiner, Quer durch den roten Kontinent
Keiner, Südsee
Kirner, Meine Freunde – die Kopfjäger
Kugelmann, Trip in die Steinzeit
Kühnel, Rätselhaftes Indien
Lerche/Straube, In einem fremden Land
Pilkington, Am Fuß des Himalaja
Rox-Schulz, Der Ruf des Condor
Stejskal, Malediven – Das Mädchen Robinson
Stejskal, Wayapi
Tasker, Eishölle am Everest
Tin/Rasmussen, Traumfahrt Südamerika
Veszelits, Brasilien
Zierl, Highway-Melodie